# 世界秩序下的
# 中國外交

## 歷史分析與轉變過程

鄭永年　郭　海　著

商務印書館

世界秩序下的中國外交 —— 歷史分析與轉變過程

作　　者：鄭永年　郭　海

責任編輯：郭　澄

封面設計：涂　慧

出　　版：商務印書館 (香港) 有限公司
　　　　　香港筲箕灣耀興道 3 號東滙廣場 8 樓
　　　　　http://www.commercialpress.com.hk

發　　行：香港聯合書刊物流有限公司
　　　　　香港新界荃灣德士古道 220-248 號荃灣工業中心 16 樓

印　　刷：美雅印刷製本有限公司
　　　　　九龍觀塘榮業街 6 號海濱工業大廈 4 樓 A 室

版　　次：2022 年 4 月第 1 版第 1 次印刷
　　　　　© 2022 商務印書館 (香港) 有限公司
　　　　　ISBN 978 962 07 6682 4
　　　　　Printed in Hong Kong

# 目　錄

序　言 ..... iii

## 第一部分　世界秩序的形成、發展與變遷

第一章　世界體系、現代民族國家的形成與國家實力的物質基礎 ..... 4
第二章　國際社會、國際道義與國家軟實力 ..... 12

## 第二部分　中國與世界秩序

第三章　前現代時期的中國外交：天下秩序與朝貢體系 ..... 27
第四章　清末外交：天下秩序的衰亡（1840-1911 年） ..... 39
第五章　民國外交：中國外交現代化的起點（1912-1949 年） ..... 50
第六章　共和國外交：從革命外交到國際社會（1950 年至今） ..... 65

## 第三部分　改革開放後的中國外交：1978-2020

第七章　鄧小平外交：告別革命，「韜光養晦」 ..... 92
第八章　江澤民外交：深化改革，加入世貿 ..... 113
第九章　胡錦濤外交：從「和諧世界」到「有所作為」 ..... 131
第十章　習近平外交：從「有所作為」到「奮發有為」 ..... 168
第十一章　中國外交的進路 ..... 198

## 後　記　中國是修正主義國家嗎？ ..... 210

# 序　言

　　中國是一個社會主義國家，但世界秩序卻是自由主義國際秩序的產物。兩者如何兼容？或者說，中國如何在持續參與世界秩序的維護和塑造時，減少與其主導者，即美國等西方國家的衝突？這是一個非常值得深思的問題。事實上，中國的高層和國際關係學者在近年來一直在思考如何應對「百年未有之大變局」這一課題。所謂「百年未有之大變局」，指的恰恰是中國如何處理與世界秩序之間的結構性矛盾的問題。

　　關於這一話題的思考，最早湧現於中國加入世界貿易組織前後。中國作為世界上最大的發展中國家，在 2001 年加入世貿，實現了與世界經濟秩序的全面對接。此後，中國實現了驚人的經濟增長。西方的學者和分析人士開始對「中國崛起」產

生學術興趣，甚至是政治警惕。中國很快成為了世界貿易組織中被上訴最多的國家。與此同時，中國還沒有完全解決自身的領土完整問題。特別是在台灣問題和貿易問題上，中國與世界秩序的領導者美國始終齟齬不斷。

在 2008 年金融危機爆發後，西方世界經歷了大蕭條以來最嚴重的系統性經濟危機；但與此同時，中國以相對穩健的姿態渡過了這場危機。此後，中國和西方世界的有識者都逐漸意識到，中國已經走出了自己的發展模式，歷史並沒有終結。世界秩序很可能將圍繞中國與美國，進入新一輪的權力轉移階段。中國很難取代美國的地位，但世界秩序發生形變的趨勢是毋庸置疑的。在此背景下，奧巴馬提出了「亞太再平衡」。這裏指的不僅僅是在軍事上平衡中國，而是說，美國不得不與中國對世界秩序的治理方式進行博弈與交鋒。

毛澤東時期，中國要解決的是「不挨打」，即生存問題；鄧小平和江澤民時期，中國要解決的是「不挨餓」，即發展問題；在胡錦濤和如今的習近平時期，中國面臨的是「不挨罵」，即如何承擔國際責任的問題。中國之於整個國際體系的分量從未如此重大。或者說，中國如今在外交上面臨最重大的戰略問題是：中國如何在與美國保持理性競爭的同時，維持一個相對穩定、安全的世界秩序，以確保中國的現代化進程不被打斷。

回答這個問題並不容易，特別是在如今這個國際關係學庸俗化的時代。在中國當前的思想市場裏，有關中國外交方向的爭論主要被兩種聲音佔據：論證派和庸俗現實主義派。論證派

可以被概括成一種「中國必勝主義」，其基本觀點是，中國必然在與美國的競爭中勝出，原因不外乎是中國有天然的文明優勢、經濟優勢，以及（或者）體制優勢；相反，西方文明有天然的劣勢，必然導致其走向衰敗。這一類「研究」基本不顧事實和邏輯：它們總是預先設定了中國必勝的結果，再尋找證據，由此推出中國「戰勝」美國的必然性。庸俗現實主義派的論説也廣為流傳。他們把國際關係中佔有主流地位的現實主義理論，幾乎生搬硬套地用在如今中國外交面臨的種種危機上，並推導出「中美必然衝突」這一結論。庸俗現實主義派的庸俗之處在於，他們既不建構理論前提（如國際系統的無政府性），也不對「中國外交關係如何發展至今」的問題作實證分析，更沒有提出思考和把握中國外交的總體框架。這種思考方法是危險的。它用一個看似有效的學術概念掩蓋了現實狀況的複雜性和特殊性。在庸俗現實主義的影響下，許多人不再基於事實去判斷、分析國際形勢。國際關係的研判變成了對「陰謀論」的揣測，而且揣測得越危言聳聽，越多人贊同。

論證派和庸俗現實主義派的共同特點在於，他們都是「中國中心主義」，都很善於操縱公眾的情緒：論證派滿足了非理性民主主義者的民族自豪感，而庸俗現實主義派則操弄了人類對未知和外部威脅的恐懼感。隨着外交議題在社交媒體上變得越來越大眾化、娛樂化、庸俗化，中國外交逐漸成為了一個人人都在熱議、但少有人理性思考的話題。

本書希望給讀者帶來一個兼具學理性、批判性和對當下政

治現實有所觀照的視角。本書希望表達的中心理念是：中國外交是中國與世界秩序互動的歷史過程。因此，如果要把握中國外交的方向，並提出分析和政策建議的話，我們首先要做的，是把中國放置在整個世界秩序中，然後去客觀地描述它所處的位置，以及其他國家與它產生互動的方式。這麼做有助於規避僅僅從中國看世界秩序的智識錯誤，即「中國中心主義」。「中國中心主義」不僅是知識界、輿論界常犯的智識錯誤，也導致中國在過去無法與世界秩序接軌，發展一度停滯。

改革開放帶給中國最大的教益，就是中國的發展離不開與世界秩序接軌。歷史上，中國在過去曾兩次錯過跨越式的發展機遇。首先，在明朝時期，中國是世界上最大的經濟體，但卻以天朝自居，主動閉關鎖國，錯過了大航海時代。大航海時期是全球分工體系初步形成的階段，所有參與了這一進程的歐洲國家都累積了相當的財富。其次，在革命時期，中國以世界革命中心自居，再次閉關鎖國，錯過了電器時代帶來的經濟高速發展時期。改革開放之後，世界進入「超級全球化」，國際分工出現了生產要素在全世界範圍的轉移，中國恰好是抓住了這一歷史機遇，才獲得了令人驚歎的經濟和民生成就。

從這個角度而言，中國是現存世界秩序的受益者，中國的發展固然離不開自身努力，但更是參與世界秩序的結果。但種種迹象表明，中國與世界秩序的關係已不再如鄧小平時期那樣和諧。一方面，西方自由主義國際秩序陷入了「波蘭尼危機」：資本主義的發展，開始對支撐資本主義發展的社會組織造成了

嚴重腐蝕。另一方面，隨着世界即將迎來以人工智能、量子計算機和 5G 等科技為標誌的第四次工業革命，各國都在為下一個發展風口作競爭準備，而矛頭紛紛指向中國。科技是決定國家發展高度的關鍵要素，但中國和美國乃至整個西方之間的科技「冷戰」已經打響。在 2016 年特朗普上台後，美國等國家開始對中國展開了科技競爭乃至封鎖，2021 年上任的拜登更把對華科技競爭上升為美國國策。日本、歐盟也開始就供應鏈安全和科技安全議題對華警惕。這一趨勢對中國而言無疑是一個嚴峻的歷史考驗。無論是基礎科學研究還是應用研究，中國都很難脫離世界談封閉式的自主創新。

世界秩序也在逐漸失穩。當今的世界秩序是由美國在二戰後建立的，其基本特徵是以民主和自由為價值觀底色，構建民主國家範圍內的集體安全，注重以多邊對話機制解決國際衝突，以及鼓勵全球自由貿易。這一秩序也被國際關係學者和外交界看成為自由主義國際秩序。圍繞着自由主義國際秩序，美國建立了一系列包括聯合國、北約、世貿、國際貨幣基金組織和世界銀行在內的國際機構。中國在改革開放後，已經深深地嵌入了美國領導建立的體系之中，成為了世界秩序的利益攸關者。

然而，美國現在卻越來越有放棄領導世界秩序、退回孤立主義的傾向。美國在特朗普主政期間，曾把中國和俄羅斯標籤為「修正主義國家」，即挑戰世界秩序的國家。但令人費解的是，對當前世界秩序不滿的不是中國，而恰恰是美國。美國一

直對世界貿易組織不滿，希望「另起爐灶」，建立另一個以自己為中心的區域性貿易組織。繞開聯合國對外發動戰爭，對美國而言已是慣常做法。美國在南海問題上譴責中國違反《聯合國海洋法公約》，但諷刺的是，美國自己並不是該公約的簽約國。

一直以來，美國作為世界秩序的領導國家，承擔了維護世界秩序、為國際社會提供公共產品的主要責任。但對美國來說，維護世界秩序的成本越來越高，收益卻越來越低。相反，中國在維護世界秩序方面做得越來越多。中國一直以來都強調聯合國的合法性，強調在疫情問題上尊重世衛組織的科學權威，同時也通過「一帶一路」為發展中國家提供公共產品。維護世界秩序與中國的國家利益是高度重合的。中國也因此開始承擔越來越多的國際責任。

這種狀況引發了一個悖論：一方面，領導世界秩序的守成國希望改變現狀；另一方面，崛起國卻希望保持現狀。這種狀況在人類歷史上實屬罕見。基辛格曾說，西方人在談論中國時，面臨的首要問題是：如何打造一個國際系統，既允許中國永久參與，又不被中國主導？同理，中國在外交上面臨的問題是類似的：中國如何在參與世界秩序的同時，避免與美國領導的國際社會發生過於激烈的衝突？回答這一問題非常具有挑戰性，本書也無意對此下定論。我們希望做的是，讀者在閱讀本書文章的同時，探索、分析並理性地思考出自己的答案。

## 第一部分

世界秩序的形成、發展與變遷

世界秩序由經濟秩序和政治秩序共同組成。在本部分，我們把經濟秩序稱為「世界體系」，把政治秩序稱為「國際社會」。世界體系理論強調，不同的國家在全球資本主義勞動分工中處於不同的位置。國際社會理論則強調，國家行為不僅是經濟和安全的產物；任何國家都是國際社會的一員，因此國家外交行為展現出的道義、價值和身份認同也同樣重要。前者解釋的是一國國際地位的物質基礎，後者解釋的是一國國際地位的道義基礎。

中國外交的發展與變遷可被視為一個與西方主導的世界秩序接軌的歷史進程。在前現代的東亞，中國建構了以自身為中心的國際社會，即天下秩序，並在其中處於霸權地位，而這一秩序建立在東亞自然經濟的基礎上。到了清末，中國被捲入全球資本主義分工體系，天下秩序亦在西方文明的衝擊下走向崩壞。中國在辛亥革命之後，首次以民族國家的身份加入西方國際社會，但未能實現中國經濟的現代化。共和國時期，中國一直堅持探索現代化道路，試圖擺脫長期處於世界體系邊緣的尷尬地位。事實證明，現代化是一套系統工程：不能融入國際社會，就無法在世界體系中上升；反之，如能有效地融入國際社會，不僅有機會主導國際社會分工，也將重塑國際秩序的發展與變遷。在國際事務上，由於中國自身獨特的文化、意識形態和歷史，融入世界秩序的進程充滿着挑戰。中國的國情決定了它必須以一種西方國家不完全認同的組織方式與國際社會共存。這種不對稱結構時至今日依然制約和驅動着中國外交的行動軌迹。那麼，中國的外交究竟具有何種不同於西方外交的特

徵？中國外交的獨特性在何處？中國外交面臨的主要挑戰有哪些？現在需要怎樣的外交戰略思想？本部分以中國外交的獨特性為核心，將中國外交分為前現代時期、清末、民國、共和國四個階段，探討中國外交不同於西方社會外交的核心特徵以及中國外交自身的內在發展規律。

我們認為，中國外交的核心任務應是維護中國的自主發展。中國外交曾以世界革命為目標，走過不少彎路，但現在已經回歸國際社會，擁抱全球化，成為世界秩序最大的受益者之一。中國還需要進一步融入、維護和改革世界秩序，在鞏固改革開放的發展成果的同時，追求一個更加公平公正的世界秩序。然而，中國政治文化中的德性追求和民族主義因素以及中國的政治體制，決定了中國進一步融入、維護和改革世界秩序存在結構性的阻礙。因此，中國外交的國際化需要有決心和進步心的政治家來掌控。在如今中美關係惡化的背景下，所謂「中國破壞世界秩序」的言論甚囂塵上，但中國已經高度融入世界秩序，中美雙方都無法完全脫離對方。中國應樹立起世界秩序的維護者和補充者的身份意識，以免在今後的國際動盪中陷入被動局面。

本部分將圍繞「世界體系」和「國際社會」兩個概念展開。這兩個概念共同組成了世界秩序，是我們分析中國外交模式的基本結構。本部分將闡明：國家在世界秩序中的地位決定了其所擁有的力量；而世界秩序是由世界體系和國際社會共同組成的，它是制約和驅動國家行動的基本結構。在這一理論框架的指導下，我們將深入理解中國與世界秩序之間複雜的互動關係。

# 第一章

# 世界體系、現代民族國家的形成與
# 國家實力的物質基礎

　　世界體系通過等級原則和勞動分工，將世界範圍不同的國家有序組織起來，這一過程不僅加劇了國家之間的不平等，也使這些國家與社會（包括核心社會、半外圍社會、外圍社會）在與世界體系的互動過程中，形成了發展為現代民族國家的不同進程。也就是説，世界體系的形成和發展與現代民族國家形成的路徑密切相關。而在國際社會之中，國家之間的關係很大程度上受制於其在世界體系中的位置，這便要求我們在觀察國際關係，特別是一個國家在物質層面的實力強弱時，應同時考慮該國家在世界體系中所處的位置。

　　第一，世界體系以資本積累為首要目標，建立在以全球勞動分工為特徵的資本主義生產方式基礎上。世界體系理論的代

表人物伊曼紐・華勒斯坦（Immanuel Wallerstein）在分析了自
16 世紀末至今的世界經濟史的基礎上指出，資本主義生產系統
從 16 世紀開始逐漸從西歐擴散開來，把處於不同地理位置的
社會逐漸捲入其中，進而形成了全球性的勞動分工體系。[1]「不
同地區由於其專業化的角色而變得相互依賴，正是在這個意義
上，它們結合起來，組成了世界經濟體。」[2] 全球勞動分工體系
（global labour-division）進而把世界各個地區分為三個層級：核
心、邊緣和半邊緣。核心領域的社會和國家享受着較高的工資
水平，擁有高水平的科技，其人口從事着高附加值的生產，向
邊緣和半邊緣地區輸出具有更高剩餘價值的商品；邊緣地區的
工資水平低、科技水平低，其人口從事着低附加值的生產活動，
向核心地區出口廉價勞動力和原材料；半邊緣地區則介乎於兩
者之間，此地區的工業既有低價值產業也有高價值產業，其存
在使全球勞動分工可以發生有限的流動，維繫了全球勞動分工
體系的穩定。全球勞動分工的特徵是「不平等交換」（unequal
exchange）：相對發達的國家集中了利潤值較高的產業，在交易
中能以較少的勞動換回較多的勞動，從而剝削欠發達國家。[3]

---

1   Immanuel Wallerstein, *The Modern World-System I: Capitalist Agriculture and the Origins of the European World-Economy in the Sixteenth Century*, University of California Press, 2011.

2   Immanuel Wallerstein, *The Capitalist World-Economy*, Cambridge University Press, 1979, p.18.

3   Alf Hornborg, "Towards an Ecological Theory of Unequal Exchange: Articulating World System Theory and Ecological Economics," *Ecological Economics*, Vol.25, No.1, April 1, 1998, pp.127-136.

世界體系理論也適用於今天的中美關係。以手機製造為例，一部在中國組裝製造的蘋果手機批發價為 178.96 美元，其中僅有 6.5 美元的價值是在中國產生的，其餘的價值都由美國設計商和韓國、日本等零部件供應商獲得。[4] 而核心 - 邊緣 - 半邊緣的分層（stratification）一旦建立，將驅動「永不停歇」的資本積累。核心地區（發達國家）的產生，必然意味着邊緣地區（欠發達國家）遭到結構性的經濟剝削。因此，欠發達國家之所以欠發達，不是因為其缺乏某種「資本主義精神」，而是因為它與核心區域社會之間的勞動分工關係在某種制度安排下（如戰爭、奴隸貿易、殖民和國際法）被固化。[5]

第二，世界體系（全球勞動分工體系）的擴張帶來了資本階層對國家（state）的需求。對內，資本需要國家為其調節階級矛盾，保護私有財產，開展基礎設施建設，實施有利於資本積累的法律和制度；對外，資本需要國家規制各種生產要素（人口、商品、資本）在不同地域之間以有利於自身利益的方式流動，為公司開拓市場，並在國家保護政策的幫助下與外國資本

---

4　崔鵬、劉裕國、馬冰一：〈現行統計方法造成我貿易順差嚴重誇大〉，載《人民日報》，2011 年 10 月 21 日。

5　Daniel Chirot and Thomas D. Hall, "World-System Theory," *Annual Review of Sociology*, Vol.8, No.1, 1982, pp.81-106.

競爭。[6] 主流經濟學界把國家與市場對立起來。比如，奧地利學派認為國家應對市場放任自由，而凱恩斯主義者認為國家應該干預市場。但這兩種理論都含有把市場看作一種自然產物的隱性假設，而沒有看到，國家是市場形成的必要條件。企業是從事生產、流通和服務的基本單位，而國家對企業的生存與發展而言至關重要。

在西歐和美國，現代國家是資本擴張的工具。一方面，國家通過制定和實施法律和政策調節勞資關係。資本主義市場每次擴張，都會對自然環境和社會結構造成衝擊。這種衝擊帶來的不平等、階級鬥爭、環境污染和有機社羣的解體達到一定程度後，會損害而非有利於資本的積累。這要求國家介入並調節資本與社會之間的矛盾關係。另一方面，企業需要國家規制各種生產要素（人口、商品、資本）在不同地域之間以有利於企業獲利的方式流動；同時，企業需要國家的扶持（如實施基礎設施建設和海外殖民政策）才能擴展國內和海外市場；在與外國企業競爭時，企業也需要國家貿易政策的保護。此外，主

---

6　華勒斯坦闡述了企業需要主權國家的七個理由：（1）主權國家可規定商品、資本和勞動力在何種條件可以通過國境；（2）主權國家保證了私有財產權；（3）主權國家規範與勞工相關的法律，調節了勞資關係；（4）主權國家確定了企業需要內化的成本；（5）主權國家規定了何種產業可以被壟斷以及在多大程度上可以被壟斷；（6）主權國家徵稅；（7）企業可以對其他主權國家施加影響。參見：Immanuel Wallerstein, *The Politics of the World-Economy: The States, the Movements and the Civilizations*, Cambridge University Press, 1984。

權國家壟斷了暴力機關，保護了私有財產的合法性。極端的自由經濟支持者鼓吹國家對市場經濟放棄任何干涉，但事實上，這並不符合自由經濟主義者們的利益。如卡爾·波蘭尼（Karl Polanyi）所說，「甚至連資本主義企業自身都需要保護，以免遭受不受限制的市場機制運行的危害」[7]。這並不意味着，國家越強大資本主義就能越好地發展。如果國家政治權力太弱，資本將難以獲得扶持和保護政策；但如果國家政治權力太強，政治權力會壓制資本的累積（比如在私有財產不受國家法律保護的情況下）。[8] 這裏要強調的是：資本與國家之間的關係不是完全對立的，它們在適當的條件下會相互增益；資本的發展為國家提供財政收入，支撐國家機器的運轉；更強大的國家組織則能更好地實現調節勞資關係、保護企業和私有財產合法化的功能，創造有利於資本累積的市場環境。沒有足夠強大的國家組織力量，資本主義不僅難以實現原始累積，其國內社會也難以抵禦外來資本和承受市場擴張對有機社會帶來的負面效應。

第三，資本的不斷累積進一步帶來國家組織力量和制度建設的擴張與變革，進而催發了民族國家的形成。[9] 以往有關

---

7　　卡爾·波蘭尼：《大轉型：我們時代的政治與經濟起源》，當代世界出版社 2020 年版，第 199 頁。

8　　Immanuel Wallerstein, *World-Systems Analysis: An Introduction*, Duke University Press, 2004, p.58.

9　　有關民族主義與資本主義、印刷技術之間的關係，可參見：Benedict Anderson, *Imagined Communities: Reflections on the Origin and Spread of Nationalism*, Revised edition, London; New York: Verso Books, 2006。

民族國家的研究多集中於思想史和文化歷史，把民族國家的出現定位於思想的出現和傳播吸收上，彷彿民族主義是文化傳播的副產品，可以通過印刷品等媒介從一個社會傳播到另一個社會。這種觀點忽略了民族國家形成的政治經濟學過程。資本累積以及它帶來的勞資關係惡化是全球化勞動分工體系的產物。這意味着，單個國家的力量和政策，無法實質性地改善社會羣團間的生產關係；生產關係的改善必然發生在世界體系的層面上。然而，無論是勞動者還是資本，兩者都期望、且在大多數情況下也只能通過影響所在國家的政策來表達和實現自身的利益訴求。[10] 這導致國家內部羣團和階級為了壟斷對國家機器的影響力而相互鬥爭；不這麼做的話，就無法在世界體系層面上深度參與全球分工體系的再分配，也就無法改善和鞏固自身的經濟狀況。政治精英們必須利用某些被普遍認同的文化符號，如民族和宗教，來宣示其壟斷國家機器的正當性。[11] 當然，不同國家對民族主義的依賴程度也不同。荷蘭、英國、美國等先發國家，它們率先佔據了全球勞動分工的核心區域。這些國家的資本已經發育成熟，需要抑制國家對工商活動的過分干預，因而形成了不強調民族特性的普世價值觀和自然主義思想。但德國、俄羅斯、日本等後發國家的情況有所不同。後發國家必須面對先發國家的剝削和其他後發國家的經濟競爭。因此，

---

10　Wallerstein, *World-Systems Analysis*, p.54.

11　同上。

後發國家的精英通過社會運動、公共教育和文化產業建構了新的「想像共同體」,力圖在較短的時間內凝聚一個文化領域內大多數人口的集體身份認同,以求達到加速國家建設的目的。否則,他們無以保護和扶持國內資本的發展以及進行隨後的海外市場擴張。「資本主義和現代民族國家是同一件事,是一個硬幣的兩面。」[12]

一個國家如何上升到或確保自己一直處於全球勞動分工的核心區域?答案在於國家與資本之間的關係。國家太強會導致政治權力壓制資本發展;太弱則無法保護資本生存和國際競爭,而且可能被非核心領域產業的資本控制,使得國家力量的增長陷入停滯。因此,國家如果要提升其在世界體系中的地位,必須與資本形成良性依附,使得國家力量的增長與國家產業在全球勞動分工體系的提升上形成相互加強的關係。清朝國民生產總值在世界範圍內是相對較高的(與其所佔世界人口比例相當),但沒有發展出資本主義工商業。清朝發展停滯不前的原因不在於國家經濟體量的大小,而在於資本家與國家組織之間的關係:[13]一方面,「重農抑商」的文化傳統阻礙了資本家與朝廷形成利益共同體;另一方面,傳統的中國國家組織結構

---

12 鄭永年:《大國責任:轉型中的中國國際戰略》,八方文化創作室,2004 年,第 137 頁。

13 有關這個問題討論,參見:Tiago Nasser Appel, "Why Was There No Capitalism in Early Modern China?", *Brazilian Journal of Political Economy*, Vol.37, No.1, 2017, pp.167-188。

鬆散、科技水平停滯不前，難以為國內資本提供保護，以抵禦外來資本的衝擊。

綜上所述，處於世界體系核心、半外圍、外圍不同位置的國家與社會，在與世界體系互動的過程中，形成了發展成為現代民族國家的不同進程。在世界體系中處於不同位置的社會相互交往與互動，構成了國際關係的歷史過程。這要求我們在觀察國際關係，特別是一個國家實力在物質層面的強弱時，應同時考察該國家在世界體系中所處地位是如何變化的。具體說來，應特別注意觀察以下三點：第一，它的生產體系是否佔據着全球勞動分工體系的核心區域；第二，它是否有能力對其他的國家施加影響，打開弱國國境，產生能夠為強國創造利潤的生產要素流動；第三，它是否有能力抵禦其他國家對它施加同樣的影響。世界體系理論有效地詮釋了國家實力的物質基礎：只有國家佔據了世界生產體系的核心領域，它才能可持續地把生產力轉化為軍事實力和對其他國家經濟的干預能力。

# 第二章

# 國際社會、國際道義與國家軟實力

　　國家實力不僅由其經濟和軍事實力構成，國際道義的再生產對國家的實力也有決定作用。這是因為國家不僅是世界體系的產物，同時也是國際社會（international society）的產物。「國際社會」不是國家個體的簡單相加，而是國家間共同認可的價值與規範，即國際道義的制度化。國際社會是國際道義的制度化，且國家存在於國際社會中，所以國家的外交行為必然是有道義取向的。一個國家在國際社會中的地位對其政治領導力非常重要。只有通過參與國際社會的建設，並再生產國際社會成員國所普遍認同的道義，國家才能有效地把物質力量（「硬實力」）轉化為政治力量（「軟實力」）。本章試圖闡明國際道義何以成為觀察國際社會發展變遷的核心要素。

現實主義者往往認為，道義在國際關係中是一個不值得討論的概念。[1] 但事實上，不存在沒有價值取向的國家。現實主義本身就是一種價值取向。美國之所以是世界霸權，不僅是因為其擁有最高端的產業和軍事力量，同時也因為它的國家行為反映了並再生產了國際社會的價值和規範。我們認為，一個國家在國際關係中的力量，不僅取決於其在世界體系中的位置，也取決於其在國際社會中所處的位置。外交是高度社會化的行為，道義和物質因素同樣重要。

現實主義理論的思脈發源於英國哲學家托馬斯·霍布斯（Thomas Hobbes）。[2] 他在《利維坦》中提出了自然狀態理論，認為在沒有約束的環境中，人會處於「所有人反對所有人」的戰爭中，除非人們把自然權力交給國家，接受公共制度的約束。[3] 漢斯·摩根索、肯尼斯·華爾茲和約翰·米爾斯海默等現實主義學者[4]，用美國政治科學的學術範式對霍布斯的自然狀

1　這未必是因為現實主義者真的認為道義不重要。在 2019 年廣州暨南大學的一次演講中，約翰·米爾斯海默提出，現實主義是一種抽象理論，它不免要排除一些現象和因素，以保持理論的解釋力和預測能力，但他的回答並不令人信服。米爾斯海默需要論證，為甚麼為了確保理論的魯棒性（robustness），就可以不把某些證據納入分析框架。

2　Thomas Hobbes and Christopher Brooke, *Leviathan*, Harmondsworth, Meddlesex: Penguin Classics, 2017.

3　Gregory S. Kavka, "Hobbes's War of All Against All," *Ethics* 93, No.2, 1983, pp.291-310.

4　Hans J. Morgenthau, *Politics among Nations; the Struggle for Power and Peace [by] Hans J. Morgenthau*, Fourth Edition, Fourth Printing edition, Alfred A Knopf, 1968; Kenneth N. Waltz, *Theory of International Politics*, First edition, Long Grove, Ill: Waveland Press, 2010; John J. Mearsheimer, *The Tragedy of Great Power Politics*, First edition, New York: W. W. Norton & Company, 2014.

態思想作了系統化整頓，將其延伸到了國際政治領域，並提出了以下論點：（1）國際系統（international system）在本質上是無政府的（anarchic）；（2）國家是國際體系中最重要的行為體；（3）國家能理性地計算其國家利益之得失；（4）國家渴望追求權力（power）。[5] 在現實主義者看來，國際體系中缺乏一個所有人都服從的權威，因此使得各國必然陷入「自然狀態」；為了最大化自身的安全和生存，國家必須以最壞的惡意揣測其他國家的意圖，並最大限度地追求權力。[6] 各國各自追求權力最大化的結果，是國際間不信任的遞增、衝突的升級與戰爭的爆發。現實主義理論是目前國際關係學界和外交政策界最有影響力的理論。無論在中國還是美國，多數的外交決策者都傾向於相信，經濟和軍事實力才是決定國際關係的關鍵；其他的因素，如文化、意識形態和價值觀，都不必放在分析框架內。

　　這種高度抽象的分析框架難以對當前複雜的國際關係作出充分而有效的解釋。現實主義者所說的「權力最大化」邏輯難以解釋許多國際關係中的現象。誠如亞歷山大‧溫特（Alexander Wendt）所言，為甚麼對於美國而言，只有一顆核彈

5　William Wohlforth, "Realism," in *The Oxford Handbook of International Relations*, eds. Christian Reus-Smit and Duncan Snidal, First edition, Oxford: Oxford University Press, 2010, pp.131-149.

6　A. Nuri Yurdusev, "Thomas Hobbes and International Relations: From Realism to Rationalism," *Australian Journal of International Affairs* 60, No.2, June 1, 2006: pp.305-21; Laurie M. Johnson, *Thucydides, Hobbes, and the Interpretation of Realism*, Cornell University Press, 2020.

頭的朝鮮比有着 500 顆核彈頭的英國有威脅得多？因為美國把英國視作朋友。[7] 顯然，我們決不能忽略國家間關係中的社會性要素。美朝關係很大程度上是被「權力最大化」邏輯主導的，但美英關係卻不是。美英兩國的「特殊關係」是高度社會化的，深深地嵌入在了兩者共有的文化、價值觀和歷史經驗上。也就是說，美英關係不是在國際系統中運行的，因此無法被現實主義理論充分解釋。如果僅從現實主義理論的視角看國際政治，我們將無法分析高度社會化的國家間關係是如何運作的。雖然國際系統或許是國家間互動的基礎邏輯，但這並不直接意味着這一系統之上沒有其他互動邏輯。或者說，不是所有的國家間關係都能被現實主義理論所解釋。

針對現實主義理論的這一缺陷，自由主義和建構主義理論提出制度和國際系統作為一種社會構造，在塑造國家間互動方式的過程中扮演着重要角色。自由主義理論認為，國家間互動的基本框架是制度（institutions）而非系統（system）。[8] 任何的互動都是在一定的文化、社會或法律制度框架下進行的。這意味着，制度框架可以調節國家之間的利益矛盾，他們之間的衝突並不一定要以戰爭的形式解決。國家間的互惠共贏並非沒有

7    Alexander Wendt, "Constructing International Politics," *International Security* 20, No.1, 1995, pp.71-81.

8    Stein Arthur, "Neoliberal Institutionalism," in *The Oxford Handbook of International Relations*, eds. Christian Reus-Smit and Duncan Snidal, First edition, Oxford: Oxford University Press, 2010, pp.201-221.

可能，永續和平的世界秩序甚至可能在國際公共組織（如聯合國）的治理下得到落實。[9] 建構主義提出更加大膽的挑戰，認為現實主義所謂的「無政府狀態」不是一種客觀存在的狀態，而根本上是一種社會構建的產物。所謂的國際系統是一種社會構造（social construction），它是可以在主體間的互動過程中被改變和塑造的。[10]

對上述學術思脈進行整合的過程中，英國學派的學者提出了「國際社會」的概念。以巴里・布贊（Barry Buzan）、赫德利・布爾（Hedley Bull）和馬丁・懷特（Martin Wright）為代表的學者認為，現實主義理論片面強調國際系統（international system）對國家行為的決定性作用，但忽略了國際社會（international society）對國家行為的影響。各國在互動的歷史過程中，雖然有權力鬥爭，但也會逐漸形成共有的文化和價值觀，這導致國家間關係不僅表現為競爭和戰爭，也表現為對共同規範的遵守。[11]

---

9　Robert O. Keohane and Lisa L. Martin, "The Promise of Institutionalist Theory," *International Security* 20, No.1, 1995, pp.39-51.

10　Alexander Wendt, "Anarchy Is What States Make of It: The Social Construction of Power Politics," *International Organization*, Vol.46, No.2, 1992, pp.391-425.

11　有關英國學派理論，參見：Barry Buzan and Laust Schouenborg, *Global International Society: A New Framework for Analysis*, Cambridge University Press, 2018; Adam Watson, *The Evolution of International Society: A Comparative Historical Analysis Reissue with a New Introduction by Barry Buzan and Richard Little*, Second edition, Routledge, 2009; Hedley Bull and Adam Watson, eds., *The Expansion of International Society*, Second edition, Oxford: Oxford University Press, 1985.

國際社會是本部分的核心概念，是理解中國如何與世界秩序接軌的關鍵。為了闡明何為國際社會，我們須釐清國際系統與國際社會的區別。

　　首先，甚麼是國際系統？一個國際系統的形成，意味着「兩個或更多的國家在彼此間有充分接觸，並且對彼此的決策有充分影響，使它們以如一個整體的部分般行事」[12]。正如現實主義理論所言，國際系統的最大特點是國際關係的無秩序、無政府狀態；在國際系統中，國家間的互動是沒有價值觀、制度和道義等共同規則作媒介的。因此，當各國在國際系統中互動時，決定國家行為和外交決策的首要要素是國家間的實力對比，如軍事、生產力、人口、科技等。如在冷戰期間，美國與蘇聯的關係處在一個缺乏共同規則的國際系統中；兩國之間的關係以及外交決策，在很大程度上取決於雙方對彼此經濟和軍事實力的評估。兩者充分接觸後，把對對方軍事力量的判定視作外交戰略決策的基礎。美蘇雙方軍事、經濟和科技上相互制衡和追趕，形成了兩極化的國際系統，具體表現為國際關係逐漸演化為美蘇兩霸在全球範圍內的軍備競賽、意識形態宣傳和代理人戰爭。

　　國際社會是與國際系統相對的概念。國際社會是「國家之間共有的利益和身份認同的制度化，以及它們對共有規範、規

---

12　　Hedley Bull, *The Anarchical Society: A Study of Order in World Politics*, Columbia University Press, 1977, pp.7-10.

則和制度的創造和維護」[13]。國際社會的形成,意味着各國間共享一套被普遍認可的價值、文化、規範乃至法律等觀念;這些觀念被制度化和習俗化,驅動和制約着其成員國的行為。此處所説的「制度化」,並不僅指國際組織的設立,它也包括了各國在外交互動過程中非正式觀念、實踐準則和規範的形成。國際系統與國際社會的關鍵區別在於,國際系統是國際關係最基礎的運作邏輯,而國際社會則更「高端」,是國家在文化和價值層面上發生交集的產物。比如,春秋時期,各諸侯國深受西周禮法體系的薰染和姻緣紐帶的制約,形成了一個中華國際社會,共同遵守着一套戰爭禮法,如強調「興甲兵,以討不義」,即出師必須有名,不能隨便對其他國家發動戰爭;規定兩軍交戰,不斬來使;講究「不加喪,不因凶」,即在對方國家君主去世或發生災荒期間不得發動戰爭;遵循交鋒時要「成列而鼓」的原則,即在雙方把陣列擺好之前不可以偷襲對方;「戰不逐奔,誅不填服」,即不殺逃兵和投降者;在戰爭期間,將領遇到對方君主,甚至要停止攻擊並行禮。春秋時期國家間關係在國際社會中運作,國家間的矛盾是以西周禮法作為媒介被處理的,戰爭的殘酷性要小於後來的戰國時期。但各國遵守禮法多出於習慣和對傳統的尊重。當時中國缺乏一個有力的霸權維護禮法,以至於「禮崩樂壞」,西周禮法慢慢地失去了制約暴虐戰爭行為的

---

13　Barry Buzan, "How Regions Were Made, and the Legacies for World Politics," in *International Relations Theory and Regional Transformation*, ed. T. V. Paul, Cambridge: Cambridge University Press, 2012, p.46.

效力，以至於國家間戰爭越來越殘酷，「兵不厭詐」成為常態。到了戰國時期，國際系統而非國際社會，變成了決定國際關係運作的首要機制。[14]

世界上只存在一個國際系統，但（可以）存在幾個國際社會。國際系統能在沒有國際社會的情況下存在，但反過來不行；國際系統的運作不需要共同文化基礎，但國際社會的運作需要文化基礎，且會進一步塑造出國際間共同認可的價值和規範。[15] 現實主義理論高度抽象，強調國際系統對國際關係的決定性作用。相反，英國學派則提出一條兼具理論性和歷史性的「中間道路」，認為雖然國際系統是國家間關係運行的底層機制，但歷史並非一成不變：隨着技術和貿易的發展，各個國家與文明之間的互動愈發頻繁，國家間最低限度的共同價值理念逐步形成。[16] 歐洲的國際社會（威斯特伐利亞體系）建立於 17 世紀，並在此後開始逐漸通過貿易、殖民、傳媒和戰爭等方式擴展到了全球。如今，現代絕大部分的國際關係在（西方主導的）國際社會而非國際系統中運行。

主權正是國際社會的產物。主權是一個國家對其管轄

---

14　關於春秋時期軍事禮儀的衰微過程，參見：陳拯：〈春秋華夏秩序瓦解與國際社會退化機制〉，載《世界經濟與政治》2015 年第 2 期。

15　Adam Watson, "Hedley Bull, States Systems and International Societies," *Review of International Studies*, Vol.13, No.2, 1987, pp.147-153.

16　Barry Buzan, "From International System to International Society: Structural Realism and Regime Theory Meet the English School," *International Organization*, Vol.47, No.3, 1993. pp.327-352.

區域所擁有的至高無上的、排他性的政治權力，而主權平等（sovereign equality）是國際法中最核心的概念。但主權的來源是甚麼？對於這一問題，人們往往持有兩種錯誤觀點。一種觀點認為主權是國家的自然權力，即國家天然擁有主權。另一種觀點認為主權是國家對暴力機關壟斷的結果。兩種觀點都有邏輯謬誤：前一種觀點把主權的正當性當成了來源，後一種觀點錯誤地把主權與國家對自身事務的實際控制權混同了。它們都忽略了主權國家是一個非物質的法律概念：只有國際承認才能賦予一個國家以主權。主權不是國家內在的屬性，而是一項聲明（claim），它在主權國家之間相互承認的情況下才得以生效。有的國家失去了對國境內事務的實際主權，但在國際承認存在的情況下依然能在外交和國際事務上繼續聲稱對其領土擁有主權（如民國時期的中國）；有的地區對自身事務確實擁有實際控制權，但在外交和國際事務上卻沒有主權（如中國台灣和伊斯蘭國）。從國際社會理論的角度出發，我們可以很清晰地看到，國家擁有主權是國際社會中各個地位平等的成員國之間相互承認的結果。也就是説，主權並不來源於國家本身，而來源於其所在的國際社會。只有在一個由相互之間政治地位平等的主權國家組成的社會羣團中，一個國家才得以獲得在國際上合法的主權及其處理境內事務的國際合法性。賦予一國主權的社會羣團就是國際社會。國家主權是國際社會的個體化表達。

我們在分析中國外交模式時，必須把國際社會看作制約和驅動中國國家行為的關鍵結構。一個國家與國際社會之間的關

係決定着這個國家在國際政治中解釋自身行為的能力，和它實施行為的成本和有效性。這是國際社會的兩個特點所決定的。第一，國際社會和其他任何人類社會一樣，是通過獎勵和懲罰達到對成員行為的規範的：當某位成員作出了符合國際道義的行為時，其他成員將對其進行獎勵；相反，當某位成員作出了不符合國際道義的行為時，其他成員對其進行懲罰。這並不是說，存在唯一、絕對正確的道義準則（因為一個世界存在着多個國際社會），但國際社會通過賞罰機制確實能對（至少部分）成員國的行為形成一定程度上的驅動和制約。例如，人們厭惡戰爭，再強大的軍事干預也需要出師有名；再例如，因為民主概念的廣為接受，再獨裁的政權也要標榜自己民主。第二，國際社會與其他人類社會相似，存在等級次序（hierarchy）。一個國家越能再生產符合國際社會標準的制度、行為和理念，就越會被視為核心國家，否則會被視為國際社會中的邊緣國家。

以當前有關國際秩序的討論為例。美國在二戰後建立並領導的國際社會被命名為「自由主義國際秩序」。蘇聯解體後，世界上大部分國家都通過聯合國、世界貿易組織等機構和制度參與到了自由主義國際秩序中。在這個國際社會裏，美國和其他G7國家是核心國家，提供了國際公共物品（public goods），同時掌握着國際道義、規範和價值觀（如人權、民主、自由、法治、發展等概念）的解釋權，且能通過國家間相互承認的機制來比較有力地解釋自身的外交甚至是戰爭行為（如入侵伊拉克和阿富汗）。反觀中國，儘管中國在經濟體量甚至是軍事實力

上都強於世界上大部分國家，但由於制度和意識形態等原因，它在國際社會中處於相對邊緣的位置。中國的內政（如香港國安法的頒佈）、外交（如「一帶一路」）和軍事行為（如在南海維護主權）往往難以獲得西方國家的支持，經常面對它們的指責。這表明，不同的國家之所以在國際社會中處於不同的位置，不僅是由它們的經濟和軍事實力決定，也取決於它們在何種程度上再生產了國際社會的規範、文化和價值觀。這些社會要素的再生產取決於各國各自的文化、政治制度以及它們在外交互動中產生的歷史經驗。如果說一國在世界體系所處的地位決定了它的「硬實力」的話，那麼我們可以說，它在國際社會所處的位置決定了它的「軟實力」。

綜上所述，我們在第一部分集中討論了兩個關鍵概念：世界體系和國際社會。這兩個概念都涉及了「核心 - 邊緣」的二元分立：處於世界體系核心區域的國家佔據了最有利潤的產業，在經濟上比邊緣國家更有競爭力；處於國際社會核心區域的國家能通過國家間相互認可來有效地解釋和正當化自身國家行為，在國際政治中的行為成本更小、效應更大。這兩大概念組成了世界秩序，也組成了我們分析中國外交模式的基本結構。一個國家在世界秩序中的地位決定了其所擁有的力量：在核心區域的國家實力相對更強，在邊緣區域的國家實力相對更弱。世界體系和國際社會共同組成了一個制約和驅動國家行動的基本結構（如表 1 所示）。根據這一框架，我們可以判斷一個國家在世界秩序中的地位。

表 1　世界秩序：由世界體系與國際社會組成的基本結構

| 世界體系／國際社會 | 核心 | 半邊緣 | 邊緣 |
|---|---|---|---|
| 核心 | 美國 | | |
| 半邊緣 | | 中國 | |
| 邊緣 | | | 朝鮮 |

　　世界體系和國際社會共同構成了世界秩序，是一個硬幣的兩面。國際社會和世界體系的關係在於，國際社會是決定全球勞動分工的國際政治安排。處於世界體系核心的國家確立了國際社會的規範和價值觀，它們聯合在一起，不僅保證了彼此的主權平等，而且還獲得了更多的力量對其他破壞現有分工體系的國家進行制約和干預。從這個角度看來，如果一個國家不是在意識形態和政體上符合國際社會的規範和價值，那麼，它幾乎很難以不發生衝突的方式進入世界體系的核心。同理，一個國家如果不是在世界體系的核心，它也很難成為國際社會規範的制定者。例如，美國可以被視為世界秩序中絕對的核心國家。美國擁有最發達的科技和工商業（如芯片、計算機、軍工、設計、金融），在全球勞動分工中處於核心；雖然特朗普政權秉承「退出主義」，但美國目前依然是眾多國際機構（聯合國、世貿組織、《不擴散核武器條約》等）的絕對核心，因此也是國際社會的核心國家。相反，朝鮮在經貿和商業上與世界其他國家的接觸非常有限，在全球勞動分工中處於絕對邊緣的位置；朝鮮不僅加入的國際組織有限，而且其意識形態（獨裁政體）

和激進的國家行為（如退出《不擴散核武器條約》和進行核試驗等）都無法獲得國際社會成員國的認同，因此也是國際社會中處在最邊緣的國家。那麼中國呢？目前中國是世界秩序中的半邊緣國家。中國的工業體系比較全面，既有邊緣型的產業（如勞動密集型產業），也有高科技產業（如航空航天、計算機），因此處於世界體系的半邊緣區域；中國參加了大部分的國際組織和國際制度建設，但其政體和內政行為與西方國家存在差異，對國際社會價值觀的再生產相對有限，因此處於國際社會的半邊緣區域。

由國際社會和世界體系，以及國家實力的物質基礎與軟實力共同組成的理論框架，將幫助我們有效理解中國的外交模式。對此，我們需要強調，中國的外交行為是在世界秩序的結構中發生的，受到世界秩序的制約與驅動。從歷史上看來，中國外交承擔的任務，就是在幫助中國擺脫世界體系邊緣地位的同時，調節中國與國際社會的衝突。中國在清朝以後不斷加深自身經濟與世界體系的接軌，其結果表現為中國經濟脫離小農經濟，走向工業化。另一方面，中國在不斷地調整自身在國際社會中的位置，其結果表現為朝貢制度的消亡及中國越來越深入參與制定國際制度。我們將在下一部分討論這一歷史過程。

中國與世界秩序

在本書的第二部分，我們把中國外交的發展歷程一共分為四個歷史階段來論述。第一個階段為前現代時期，當時中國以朝貢體系處理外交問題。第二個階段是 1840 年至 1911 年，這段時間是中國逐步被捲入全球資本主義生產體系、天下秩序逐步衰亡的階段。第三個階段是 1912 年至 1949 年，這是中國現代民族國家形成的重要時期，也是中國正式成為國際社會成員的時期。第四個階段是 1950 年至今，在此期間，中國游離在國際社會的邊緣；它一開始加入了蘇聯主導的共產主義國際社會，但很快從中脫離，希望將自身建立為「世界革命的中心」，但結果並不十分成功；從 20 世紀 70 年代開始，中國與美國接觸，加入了西方主導的國際社會，並實現了與世界體系的接軌。通過改革開放，中國從世界體系的邊緣進軍到了半邊緣地帶，成就了現在中國外交的堅實基礎。

# 第三章

# 前現代時期的中國外交：
# 天下秩序與朝貢體系

「天」的思想是中國古代政治思想的核心觀念，也是理解中國外交模式的起點。皇帝被稱為「天子」，其政權正當性來自符合「天道」的國家治理，天子的德行被稱為「天德」。許多早期人類社羣都存在着自然神崇拜現象，中國古代社會也不例外。據《尚書・召誥》記載，「有夏服（受）天命」。可見，「天」的觀念很有可能早在夏朝就被當時黃河流域的部落與社會普遍接受。「天」有三重含義：第一，天是作為自然屬性的天空；第二，天是主宰着世間萬物運作的總體法則，中國古代自然神論中的最高權威；第三，天是道德和處理社會關係的依據。商在征服夏後，借助了「天」的觀念彰顯其取代夏的合法性。周在征服商（史稱「革命」）並建立新政權的過程中延續了這一做法，使「天」

的觀念進一步深入人心。西周周成王時期的青銅器何尊上的銘文，記載了周成王在京城對宗族小子的訓話：「唯武王既克大邑商，則廷告於天，曰：余其宅茲中國，自茲乂民。嗚呼！爾有雖小子無識，視於公氏，有勳於天，徹命。」[1] 何尊是目前所發現最早有記載「中國」一詞的出土文物，其銘文明確表達了君權天授的思想。周康王時代的大盂鼎、麥尊等青銅器上的銘文中，出現了「天子」一詞，表明西周初期或稍晚天子觀念開始形成。周朝之後，每次王朝更替，新王朝的統治者都運用「天命」思想彰顯其政權的合法性：前朝的覆滅是由於前任皇帝不遵循「天命」，失去了「天子」的資格；今朝「天子」登基則是「替天行道」，履行治理「天下」的政治使命。和歐洲皇室不同，中國天子的正統性不來源於其血統，而是取決於其治理方式是否符合「天道」。在元朝和清朝，遊牧民族（蒙古族和滿族）入主中原後，其統治者也利用了「天」的思想，幫助其統治廣袤的土地和多元的民族。在此由於篇幅和內容要求，我們無法對「天」的思想的具體歷史脈絡作仔細梳理。[2] 但我們想強調的是，來自西周歷史時期的出土文物已經很清楚地表明，「天」的思想在周朝開始正式官方化，從宗教概念逐步演化為政治概念。「君權天授」思想是中國古代政權解釋自身權威來源的終極法統理念。

---

1　中國社會科學院考古研究所編：《殷周金文集成》（修訂增補本），中華書局 2007 年，
　　06014。
2　有關中國古代天思想方面的論述，可參見：溝口雄三：《中國的衝擊》，三聯書店
　　2011 年版。

「天」的思想產生了「天下」的思想，它是前現代時期的中國理解世界秩序的基本思想框架。天下的思想有如下幾個特點。第一，「天下」是中國思想中最大的空間單位。這意味着它描述的不僅是天子統御的領土範圍，更是指代整個已知世界範圍。[3] 第二，在「天下」的政治想像空間中，中國處於中心，其他地區處於邊緣；各個社會和羣團被置於一種垂直建構的等級次序中，共同接受着天子的統治，使得它們之間的差別和邊界被消解。第三，天下的思想消融了社會之間邊界存在的同時，也取消了中國對外擴張和武力征服的正當性。如《論語·季氏》所說：「遠人不服，則修文德以來之，既來之，則安之。」天子通過自身道德、禮儀和文化優越性對周邊的民族和社會進行教化乃至於同化，成為中國與外界打交道的主要手段。願意接受天子教化的族羣稱為「華」；如果他們不接受教化則被稱為「夷」。至少在概念層面上，天下思想對於世界政治的表述略接近現代國際關係學中所說的「世界帝國」。[4] 近代國際社會是由形式上政治地位平等的主權國家構成的，但天下秩序並非如此。與「國際」觀念不一樣，天下秩序思想理解下的所有人類羣團的政治地位都在天子之下。如《詩經·小雅·北山之什·

---

3　但值得注意的是，也有許多學者認為，天下概念具體的指涉範圍是在中華帝國之內，而並非指整個已知世界。參見：F. Zhang, "Regionalization in the Tianxia?", in *China and the Global Politics of Regionalization*, ed. E. Kavalski, Farnham, England: Ashgate, 2009, pp.19-32.

4　Eric Voegelin, "World Empire and the Unity of Mankind", *International Affairs*, Vol.38, No.2, 1962, pp.170-188.

北山》中所言：「普天之下，莫非王土，率土之濱，莫非王臣。」天下秩序不強調族羣之間的分界和個體性，因此中國古代「有國無界」，沒有很強的領土邊界概念；沒有「國際」，只有「內外」。所謂「外」，實屬「化外之地」，也就是還沒有被天子教化的土地。不同的國家和民族都只是天子統御和教化的對象，而不是相互間政治地位平等的獨立個體。

春秋戰國以後的中國古代社會沒有發展出近代意義上的外交。被秦統一後的中國在與「外夷」交往時，從未制定過近代意義的國際法，很少精確地界定國家間的領土邊界，也從未明確地與其他國家相互承認主權平等。近代意義上的外交發生在清末時期。清朝的「外交部」叫總理衙門，一開始與英國交涉時派遣的是兩廣總督。這種做法說明當時中國還把外交當成本國地方事務處理。

在外交實踐中，天下秩序被外化為朝貢體系。朝貢體系又叫宗藩體系，是 1950 年代後以費正清為首的西方學者在討論中國古代外交史時總結出來的概念。費正清認為，朝貢體系是一種把中國與周邊國家融合成家庭式社會羣團的外交制度；自秦統一中國以來，直到清朝末年，朝貢體系一直是中國處理國際關係的主要制度框架。[5] 在朝貢體系下，中國王朝以「天朝上國」自居，而周邊國家則通過自願對天子納貢，接受朝廷

---

5　John K. Fairbank and Ta-tuan Ch'en, *The Chinese World Order: Traditional China's Foreign Relations*, Harvard University Press, 1968.

冊封而成為中國藩屬國。作為藩屬的周邊國家有義務在規定的年限內向中國派遣使節向天子「朝貢」，通過參與禮儀活動向天子表達象徵性歸順，承認中國在政治和文化上的優越性。作為宗主國的中國，則有責任保證地區的秩序穩定和軍事安全，並對前來朝貢者進行獎賞。現在有眾多學者都對那種把東亞國際社會完全架構於朝貢體系之上的説法表示懷疑。[6] 誠如張鋒所言，朝貢體系絕對不是中國外交的全部。[7] 但不可否認的是，朝貢體系的確是中國古代外交史上比較具有代表性和獨特性的外交安排；把它作為一種理想類型（ideal type）提取出來單獨討論，有利於我們對中國外交模式作總體性的思考和把握。

朝貢體系下的國家關係在政治地位上是不平等的；各國間的政治地位是按與中國的親密程度排序的。但是，這種政治上的不平等可以被經濟利益所彌補。朝貢制度之所以能持續兩千多年，是因為宗主國和朝貢國雙方在這種安排下能得到各自期許的利益：中國天子通過接受朝貢彰顯了其統治的合法性；周邊國家通過與中國的朝貢關係不僅確保了安全，還可以參與

---

6　費正清把朝貢體系解讀為中國外交與國際關係的媒介。不過有學者（如張鋒）認為，朝貢制度本身是中國單方面的一種制度聲明（claim），而不是一個有解釋力的框架（frame），不能被當成理解中國古代外交的概念基礎。參見：Feng Zhang, "Rethinking the 'Tribute System': Broadening the Conceptual Horizon of Historical East Asian Politics," *The Chinese Journal of International Politics*. Vol.2, No.4, 2009, pp.545-574。

7　同上。

朝貢貿易，換取價值高於貢品數倍甚至數十倍的經濟利益。這點在朝貢體系高度發達的明朝最為顯著。在明朝時期，來自外國的使團被規定攜帶三種貢品，分別是本國國王的貢納品、正副貢使的貢納品，以及隨船船員的積載品；其中，隨船船員的積載品的數量往往是貢納品的十倍甚至數十倍。積載品數量較多的原因在於，明朝朝廷在接受了朝貢國使團的貢納品後，會以高於市價數倍的價格購買積載品，以表對朝貢國的恩惠。例如，明朝接受日本國王足利義滿進貢時，會以高於市價五倍的價格收購來自日本的刀劍和銅等積載品。[8] 除了可以進行高利潤的貿易外，朝貢使團還會在市舶司和會同館（相當於今天的招待所）獲得良好的接待；朝貢使團的食宿和路費由朝廷報銷；他們還可以與中國商人進行私下貿易。[9] 這對朝貢國來說是莫大的利益。正如費正清所言：「對於中國的統治者而言，朝貢的道德價值是最重要的；對於蠻夷來說，最重要的是貿易的物質價值。」[10] 朝貢體系很大程度上可以被理解為古代中國統治者用經濟利益和文化優勢交換政治合法性的制度安排。

　　但中國外交對法統的追求，以及對貿易的輕視，嚴重壓抑了中國與世界體系接軌的主動性，也是中國錯過了大航海時代

---

8　　村井章介：〈十五世紀から十六世紀の東アジア国際秩序と日中関係〉，第 165 頁（北岡伸一と歩平，《日中歴史共同研究第 1 巻、古代・中近世史編》，勉誠出版，2010 年）。

9　　佐久間重男、〈明、清から見た東アジアの華夷秩序〉，《思想》七九六，1990 年。

10　John K. Fairbank, "Tributary Trade and China's Relations with the West," *The Journal of Asian Studies*. Vol.1, No.2, 1942, p.139.

的重要原因。[11] 中國是在明朝，也就是 16 世紀時初步和世界體系發生關聯的。隨着歐洲人在美洲發現大量白銀，中歐之間的茶葉、糖和絲綢貿易日益繁盛，白銀通貨大量湧入中國。根據濱下武志的研究，16 世紀的中國已經成為世界白銀流轉的中心。[12] 當時在歐洲，黃金與白銀的兌換率是 1：12，而在中國是 1：4。巨大的利潤促使歐洲人不斷開拓通向中國的航道。但此時，明朝卻實施了封閉政策，阻礙了中國融入當時以歐洲為中心的世界體系。

為甚麼會這樣？有兩個重要原因。首先，古代中國的外交政策受「天下」觀念影響，始終以維護天下秩序，即天子法統為終極目的；貿易只被認為是維護天子法統的手段或是副產品。明朝明成祖永樂大帝令鄭和率領近三萬人、兩百多艘船七下西洋，訪問了三十多個國家和地區，總花費約合白銀 600 萬兩，相當於當時明朝國庫年支出的兩倍[13]，但居然沒有開發任何海外殖民地。究其原因，鄭和下西洋的目的是為了維護永樂帝的法統，而不是貿易。永樂帝本是藩王，他在「靖難之役」中篡位登基，有悖於中國的正統觀念，需要用塑造「萬國來朝」、「禎祥畢

---

11 John K. Fairbank, "Introduction: Maritime and Continental in China's History," in *The Cambridge History of China: Volume 12: Republican China, 1912-1949*, ed. John K. Fairbank, Vol.12, The Cambridge History of China, Cambridge: Cambridge University Press, 1983, p.14.

12 浜下武志：《近代中国の国際的契機 — 朝貢貿易システムと近代アジア》，東京大学出版会，1990 年。

13 王天有、徐凱、萬明主編：《世界文明與鄭和遠航》，北京大學出版社，2005 年。

集」的太平盛世來鞏固自己的合法性。[14] 有學者把朝貢體系稱為
「雙邊貿易的外衣」。[15] 但更恰當的説法是，貿易才是朝貢體系的
外衣。其次，維持朝貢體系的經濟成本非常大；維護天子法統
和羈縻周邊國家的需求一旦被滿足，外交就會陷入停頓。隋唐
時期，首都長安是中國絲綢的生產中心，也是絲綢之路的起點，
吸引了數量眾多的朝貢國家。[16] 據學者統計，618 年至 907 年
期間，派遣使者入唐朝貢的國家共有 71 個，次數高達 518 次。
西域的朝貢國在幾乎是無成本地獲取了大量絲綢後，經絲綢之
路，把這些絲綢賣給更為富裕的東羅馬、印度和波斯，賺取了
豐厚的利潤。朝廷用來「賞賜」朝貢國的費用極高，僅絲綢每年
就要消耗百餘萬匹，對朝廷造成很大財政負擔。[17] 唐高祖在分析
突厥人與唐朝之間的關係時就説道："「觀突厥……君臣之志惟
賄是求。」[18] 南宋時期，中國國力衰微，統治者一度把外交重點
放在海外貿易上，而非「粉飾太平」的朝貢體系。明朝的朝貢外
交吸引了很多小國前來納貢，但很快導致財政拮据，不得不限
制朝貢次數。如《明實錄》記載：「（琉球）一歲常再貢三貢。天
朝雖厭其煩，不能卻也。」日本入明的使團太多、太頻，以至於

---

14　檀上寬：《永樂帝 —— 華夷秩序の完成》、講談社，2012 年。

15　莊國土：〈略論朝貢制度的虛幻：以古代中國與東南亞的朝貢關係為例〉，載《南洋問
　　題研究》2005 年第 3 期，第 3 頁。

16　穆渭生：〈唐朝對西北「絲路」絲綢貿易管控探究 —— 唐代國家對外貿易法規之解
　　讀〉，載《地域文化研究》2020 年第 1 期，第 117 頁。

17　同上，第 121 頁。

18　司馬光：《資治通鑒》，卷一九一，唐紀七。

明朝不得不嚴格限制來訪的頻率和船隻數量。清朝統治者對朝貢採取了更務實的態度，儘可能地減少了朝貢頻率，不僅大大減少了朝貢國家的數量，[19] 連與中國清朝關係最緊密的暹羅也只被允許三年一貢。因此在實踐中，以天下觀念為思想指導的中國外交很大程度上失去了其本來應有的經濟價值，變成了一種「重名輕利」、不務實的意識形態彰顯活動。對於皇帝和士大夫等統治階層來說，外交不僅不會帶來新市場、新殖民地等物質上的利益，反而是一項對朝廷造成沉重財政負擔的「賠本生意」。

　　中國古代外交缺乏為其社會成員拓展經濟機會的價值取向，這固化了中國古代社會的經濟結構和社會關係。對於大部分西歐國家而言，外交是物質利益導向的，其目的是保護國家主權和拓展貿易。相對而言，中國古代的外交是內向的，其服務的對象始終是天子的法統和國防，而非商貿、民生與經濟發展。中國古代統治階級也從未與從事海外貿易的資產階級建立過政治聯盟關係。天下思想根植於東亞自然經濟；在以自然經濟為主要生產方式的古代中國，政府依賴土地和農業稅而非關稅作為主要財政來源；統治階級依靠鄉紳貴族和儒家道統對廣袤的農村人口進行治理。對於朝廷和鄉紳貴族們而言，土地才是他們的利益所在；海洋意味着危險的倭寇（雖然他們大部分都是中國人），而非遠洋貿易帶來的豐厚利潤。明太祖下令「寸

---

19　根據乾隆《大清會典》，清朝的朝貢國包括朝鮮、琉球、安南、暹羅、西洋、緬甸、南掌。

板不許下海」，不鼓勵對外貿易等政策看似不合理，但其實是統治階級基於維護其法統的需要而產生的。在中國外交極度內向的情況下，這種保守傾向變得愈發難以被打破，除非有外力介入。結果是：中國古代統治階級始終缺乏推動中國向海外拓展的動力；資本主義在中國的發展空間遭到了嚴重擠壓；明朝的中國錯失了挺進世界體系核心的歷史機遇。

清朝的中國依然沒有把拓展海外貿易作為外交的主要目標。1793 年，英國派遣馬戛爾尼使團前往中國，向中國提出了開放貿易口岸、在北京設立使館、放寬對英國商人的貿易限制等要求。但清朝乾隆對貿易本身興趣不大，他更看重的是英國使節是否遵守天朝禮儀。馬戛爾尼在皇帝面前自稱「欽差」而非「貢使」，不願對乾隆行三跪九叩之禮，令乾隆大為不悅。最終，馬戛爾尼使團提出的要求沒有一項得到滿足。[20] 乾隆拒絕擴大中英貿易的要求，很大程度上要歸因於當時中國人固有的「天下」世界觀。對清朝來說，英國只是「化外之地」的「蠻夷」；允許「英夷」來廣州經商，已經是皇上賜給他們的「恩典」，因此進一步提出開放貿易等要求實屬「無禮」。而且，當時中國對英國貿易順差，對英國出口大量茶葉、糖和絲綢，但從英國進口商品甚少；國民經濟依然以自然經濟為主，缺乏擴大國際貿易的需求。對於英國人想要在北京設使館的做法，乾隆更是認

---

20　Paul W. Kroll and Robert A. Bickers, "Ritual and Diplomacy: The Macartney Mission to China, 1792-1794," *Journal of the American Oriental Society*. Vol.115, No.3, 1995, p.557.

為不符合清朝的國體。在一封給英王喬治三世的信中,乾隆寫道:「至爾國王表內懇請派一爾國之人住居天朝,照管爾國買賣一節,此則與天朝體制不合,斷不可行。向來西洋各國有願來天朝當差之人,原准其來京,但既來之後,即遵用天朝服色,安置堂內,永遠不准復回本國,此系天朝定制,想爾國王亦所知悉。今爾國王欲求派一爾國之人居住京城,既不能若來京當差之西洋人,在京居住不歸本國,又不可聽其往來,常通信息,實為無益之事。」[21] 在今天看來,要求外國人來華後必須按本國習俗穿衣打扮且永世不得歸國,苛刻得有點荒謬。但那是當時的常識。幾千年以來就一直以天下秩序來把握世界的中國皇帝,很難理解尊重主權平等、擴大貿易開放度和在首都設使館等國際社會的慣例。

　　乾隆拒絕中英通商,維繫了天朝的「體制」,但也掩蓋了中國與西方在科技和經濟實力上的時代差距。事實上,英國才是當時的世界霸權。英國在 1588 年大敗西班牙無敵艦隊,挫敗了西班牙國王腓力二世統一歐洲的野心,與荷蘭一道成為新興海上霸權。1648 年的《威斯特伐利亞和約》通過確立歐洲各個國家主權平等的原則,不僅建立了現代國際社會的雛形,且進一步遏制了歐陸帝國統一歐洲的雄心。[22] 爾後的一百多年裏,

21　斯當東:《英使謁見乾隆紀實》,群言出版社 2014 年版,第 642-644 頁。

22　有關威斯特伐利亞對神聖羅馬帝國的影響,參見:Joachim Whaley, *Germany and the Holy Roman Empire: Volume II: The Peace of Westphalia to the Dissolution of the Reich, 1648-1806*, Oxford University Press, Oxford, 2012。

英國先後擊敗荷蘭和法國，取得了全球性的海上霸權。在英國國內，商業資本在與王權的鬥爭中取得了勝利。1694 年，英格蘭銀行獲得特許，給英國王室提供貸款，支持英軍戰爭軍費，使倫敦成為世界金融中心，控制着全球資本的流動，讓英國資產階級走入了英國政治活動的中心。自 1770 年爆發的工業革命進一步鞏固了他們的地位。動力機械大規模地被運用於製造業，紡織、煤礦開採和金屬冶煉技術都得到了很大的突破。英國在 1820 年的煤炭和生鐵總產量佔世界產量的 75% 和 40%，而工業產值達世界工業總產值的一半。[23]19 世紀初，清朝的經濟體量很大，但依然是一個農業社會；而英國已開始工業化，成為了世界體系的核心國家。

23  Roderick Floud, *The Cambridge Economic History of Modern Britain: Volume 1,* Second edition. New York: Cambridge University Press, 2014.

第四章

# 清末外交：
# 天下秩序的衰亡（1840-1911年）

　　如果説馬戛爾尼使團來華是中西文明間無傷大雅的文化摩擦的話，那麼 1840 年和 1858 年的兩次鴉片戰爭則意味着，天下秩序在近代國際社會體制的衝擊下愈發走向崩潰。由於具體的軍事衝突過程已經超出本文的討論內容，以下將以時間順序儘量簡潔地敍述兩次鴉片戰爭的過程及後果。

　　1800 年起，英國東印度公司開始默許英國商人對華走私鴉片。當時英國已經佔據了世界上最大的罌粟種植地 —— 印度。雖然清朝嚴格禁止鴉片進口，但鴉片走私依然屢禁不止。清朝約 1% 的人口沾染上了這種令人成癮的毒品。很快，英國對華貿易從逆差轉為順差；白銀大量流出中國，造成了嚴重的通貨緊縮和政府財政困難，以至於朝廷不得不堅決禁煙。1839 年，

道光皇帝拒絕了鴉片合法化的建議，派林則徐前往廣州於同年
6 月開展禁煙運動。林則徐強硬扣押並銷毀英國走私商人的鴉
片，造成英國商人巨額損失，中英雙方的衝突在擦槍走火中不
斷升級。8 月，虎門銷煙的消息傳回英國，英國商業集團力促
對華開戰；1840 年 1 月，英國下議院通過了派遣艦隊對華開戰
的決議。開戰後，清軍節節敗退，直至英軍於 1842 年 8 月抵達
南京，清政府被迫求和。8 月 29 日，中國與英國簽下第一個不
平等條約──《南京條約》，以條約形式規定了中國開放五口
通商，對英國支付賠款，並割讓香港島。[1]

但《南京條約》並沒有令英國人滿意。英國對華外交的總
體目標有二，其一是擴大通商口岸，打開中國市場；其二是與
中國建立直接外交關係，為英國在華商業活動提供保護。[2] 這兩
個目標都沒有達成。一方面，英國的商品（主要為紡織品）在
通商後並沒有在中國暢銷。中國民眾普遍貧窮，缺乏購買力。
另一方面，《南京條約》沒有允許英國在北京設立使館。第一次
鴉片戰爭後，中英貿易依然由省地方官員而非中央政府管理，
一口通商體系（Cantan System）依然沒有發生動搖。在華英國
商人與中國人時有發生衝突，但地方官員難以有效維護國際商

1    Peter Ward Fay, *The Opium War, 1840-1842: Barbarians in the Celestial Empire in
     the Early Part of the Nineteenth Century and the War by Which They Forced Her
     Gates Ajar.* University of North Carolina Press, 2000.

2    Immanuel C. Y. Hsü, *China's Entrance into the Family of Nations: The Diplomatic
     Phase 1858-1880.* Harvard University Press, 1960, p.26.

業秩序和在華外國商人的利益：官員辦事效率低下、缺乏中央授權，朝廷也從未設置合適的司法體系來仲裁衝突。英國外交官李泰國（Horatio Nelson Lay）抱怨稱，外國人就像「羽毛球一樣被朝廷和地方推來推去」[3]。在英國人看來，只有通過確立可以自由訪問中國最高官員的制度，才能有效保障在華英國僑民的人身和財產安全。1857 年至 1859 年任英國駐華高級專員的額爾金勳爵（Earl of Elgin）認為：「如果我們的商人要同如此眾多的人口和平地從事貿易和商業，我們必須以這樣或那樣的形式，這般或那般的變通，同北京的帝國政府建立直接的外交關係。」[4]

第二次鴉片戰爭的焦點在於是否允許英法在京設立使館，已經和鴉片貿易本身無關。1856 年 10 月 8 日，廣州發生「亞羅號事件」，此事成為英法聯軍出師中國的導火索。1857 年 12 月，英法出兵虎門，攻陷廣州後繼續北上，強迫清朝簽訂條約；1858 年 5 月，英法聯軍攻陷天津大沽口，清朝被迫簽署《中英天津條約》，其中對中英互派常駐使節作出了規定：「大清皇帝、大英君主意存睦好不絕，約定照各大邦和好常規，亦可任意交派秉權大員，分詣大清、大英兩國京師。」但咸豐皇帝對條約「深惡痛絕」，[5] 希望一有機會便將其廢止。《中英天津條約》允許「外夷」常駐京師而不按清朝的規定更易中國衣冠，在咸

---

3　Hsü, *China's Entrance into the Family of Nations*, p.49.

4　Hsü, *China's Entrance into the Family of Nations*, p.96.

5　Hsü, *China's Entrance into the Family of Nations*, p.72.

豐皇帝看來是對天朝體制的褻瀆。皇帝作為天子，有「孝」的責任，必須維護祖上流傳下來的天朝體統。

當時，清朝不諳國際法和軍力廢弛的雙重弱點被俄國利用。1858 年 5 月，正當英法聯軍攻陷大沽口之際，俄國東西伯利亞總督尼古拉·穆拉維約夫（Nikolay Muraviev）率軍來到中俄交界處，聲稱要「援華抗英」，但實際目的是逼迫中國簽下不平等條約，奪取中國領土。清朝代表黑龍江將軍奕山懼怕俄軍入侵，簽下了《璦琿條約》，割讓了黑龍江以北六十多萬平方公里的土地給俄國。奕山在上奏咸豐皇帝時，則利用了咸豐皇帝對英法的抵觸心理，謊稱「伊國來往……幫助防範英夷，應有裨益」。《璦琿條約》的簽署顯示了俄國的狡詐，更暴露了清朝執政者的無知與無能，是中國外交史上最屈辱、最失敗的案例。蔣廷黻評論《璦琿條約》時寫道，穆拉維約夫對付奕山的方法，「正像十九世紀末英、法、德野心家對付非洲土酋的方法」[6]。《璦琿條約》的簽署體現了清朝對朝貢體系不合時宜的執念。在抗議俄國佔據松花江口的領土時，吉林將軍和黑龍江將軍對俄國說出的理由竟是「佔據若許地方，均為大皇帝產貢之所」[7]。咸豐皇帝本人對主權和領土等近代國際社會觀念毫無認識，將天朝體統看得高於一切，把簽訂《中英天津條約》看

---

6　見《籌辦夷務始末》，卷四頁三十二之三十三，引自：蔣廷黻：《近代中國外交史資料輯要》，湖南教育出版社 2008 年版，第 282 頁。

7　見《籌辦夷務始末》，卷十二頁十八至二十一，引自：蔣廷黻：《近代中國外交史資料輯要》，湖南教育出版社 2008 年版，第 291 頁。

作「撫夷」的權宜之計，一心想阻止英法在北京派設公使。這種觀念使得無能的奕山得以用「聯俄制英」的藉口矇騙皇帝。奕山在簽署了《璦琿條約》後，朝廷拒絕承認，並處分了奕山。咸豐皇帝原本有機會利用「聯英抗俄」，挽回主權損失。但他沒有這麼做。礙於「天下秩序」的傳統觀念，咸豐始終未能與英法妥協。最終他為求保護天朝體統之名，失去了國家利益之實。

在接下來的兩年裏，中國被傷痕纍纍地拖入了國際社會。1859 年 6 月 20 日，英法不顧清朝警告，堅持要從天津北河口進京與北京互換批准書，後被清軍炮擊，死傷慘重。11 月，英法率軍遠征中國；1860 年 9 月，咸豐皇帝對英法宣戰，但清軍被英法聯軍大敗於通州八里橋；10 月 13 日，額爾金以多名英俘虜被清兵虐待致死為由，下令火燒圓明園。同年 10 月 20 日，清朝被迫接受英法一切要求：除了要互換《南京條約》外，還加訂了《北京條約》。俄國在《中俄北京條約》中追加割地，將烏蘇里江至海之地約 40 萬平方公里劃入俄國領土。第二次鴉片戰爭結束的第二年（1861 年），咸豐駕崩。

1861 年起，朝廷高級官員和皇族為挽救岌岌可危的大清王朝，開啟了歷時 35 年的洋務運動。在外交方面，隨着 1864 年亨利・惠頓的《萬國公法》經由美國傳教士丁韙良翻譯傳入中國，一些晚清知識分子和士大夫階層逐漸接受中國不得不融入國際社會的歷史趨勢。王韜、胡薇元、譚嗣同、宋育仁等知識分子指出，「華夷之辯」的傳統思想已落後於時

勢。[8]清末第一駐外大使郭嵩燾甚至盛讚《萬國公法》，認為它注重國與國之間的平等交往和利益，「質有其文，視春秋列國殆遠勝之」[9]。洋務大臣左宗棠則放下了天朝對禮儀的執着，認為西方使節來華「不必以中國禮法苛之，強其從我」。

　　但一小撮人思想的開放沒能帶來清政府外交的改革。1861年，中國設置了首個外交機構——總理各國事務衙門。但幾乎沒有甚麼官員願意主動出使西方。整整七年之後（1868年），清朝才向西方國家派出第一個使團，而且代表中國的使節竟然是一位美國人——美國駐華公使蒲安臣（Anson Burlingame）。[10]直到1875年，朝廷才頒佈諭令，命總理衙門大臣郭嵩燾為駐英國公使，並於1876年在英國倫敦設立了中國史上第一個使館。李鴻章早在1871年的時候就提出了有關成立駐外使館的建議，但清廷的士大夫們在日本於1874年佔領台灣後才意識到了問題的嚴重性。[11]受蒙昧排外思想的戕害，清朝外交的近代化幾乎得不到任何有力的社會支持：外交主持者（不情願地）接受外交任務後，常被其他士人批評為「數典忘祖」、「中洋

---

8　張衛明：〈洋務時期國人對近代國際局勢與國際公法的比附〉，載《世界經濟與政治》2016 年第 6 期，第 84 頁。

9　郭嵩燾：《郭嵩燾奏稿》，岳麓書社 1983 年版，第 73 頁。

10　有關蒲安臣代表清朝出使的過程，可參見：John Schrecker, " 'For the Equality of Men – For the Equality of Nations': Anson Burlingame and China's First Embassy to the United States, 1868," *Journal of American-East Asian Relations*. Vol.17, No.1, 2010, pp.9-34。

11　李鴻章：〈論善後事宜並教務、厘務（十一月初四日）〉，《李文忠公選集》，人民日報出版社 2009 年版。

毒」。蒲安臣使團的兩位副使歸國後，一位被貶謫到蒙古，另一位被左遷至新疆。[12] 郭嵩燾一直是朝廷內士人辱罵和誹謗的對象。他在英國考察後，主張朝廷效法西方改革政教，發展資本主義經濟制度。於 1879 年從英國歸國後，郭嵩燾被保守派官員參劾「有二心於英國」，被迫焚燒考察日記，請辭回鄉。[13]

如果說鴉片戰爭是天下秩序終結的開始，那麼真正給天下秩序畫上句點的，則是自詡與中國「同文同種」的日本。和清朝時期的中國一樣，德川時期的日本也是以儒家道統為文化主體的農業經濟體。但自 1868 年明治維新後，日本展開了較為全面的近代化改革，國家逐漸實現近代化，其中包括外交的近代化。[14] 當清朝還在艱難地掙扎於從天下秩序到國際社會的過渡期時，日本已經學會如何靈活地使用國際法為其爭取領土和殖民利益了。

中日兩國在運用國際社會規則能力上的差距，集中地體現在了對朝鮮控制權的爭奪上。朝鮮在前現代時期和近代一直是朝貢體系下與中國關係最緊密的屬國。日本在明治維新後，與西方各國一道，欲與朝鮮建立外交，瓦解清朝對朝鮮的控制。

---

12　John K. Fairbank and Kwang-Ching Liu, eds., *The Cambridge History of China, Vol.11: Late Ch'ing, 1800-1911, Part 2*, Cambridge: Cambridge University Press, 1980, pp.82-83.

13　Hsü, *China's Entrance into the Family of Nations*, pp.182-190.

14　有關中國與日本在現代化進程中的不同表現，可參見：Levy Marion J., "Contrasting Factors in the Modernization of China and Japan," *Economic Development and Cultural Change*. Vol.2, No.3, 1954, pp.161-197。

1876 年，日本逼迫朝鮮簽訂《江華條約》，承認朝鮮為獨立國及日本享有的領事裁判權等，大大削弱了清朝在朝鮮的影響力。[15]該條約簽訂後，西方列強緊隨日本。1882 年，在中、朝、美三國協商下，朝鮮與美國簽訂《朝美修好通商條約》；時任清朝代表李鴻章要求在條約中加入「朝鮮是中國屬邦」一句，但遭美國代表薛斐爾（Robert Wilson Shufeldt）反對。中國不得不另開照會以說明中朝之間的宗藩關係。爾後，朝鮮與德國（1883 年）、俄國（1884 年）和法國（1886 年）都簽署相似的條約。[16]當時，朝鮮已是中國最後一個朝貢國，卻被西方逐步拖入國際社會。1884 年，沒落貴族金玉均在日本的協助下率領朝鮮開化黨發動「甲申政變」，宣佈脫離中國獨立與改革朝鮮內政，但後來被袁世凱率領的駐朝鮮清軍鎮壓，流亡日本。次年（1885 年），伊藤博文與李鴻章簽訂《中日天津條約》，規定「將來朝鮮國若有變亂重大事件，中、日兩國或一國要派兵，應先互行文知照」[17]。

　　《中日天津條約》（又稱《中日天津會議專條》或《朝鮮撤兵條約》）的形成過程，顯示了日本政治家熟練駕馭國際法規則的能力：日本不僅依靠國際法原則使其在未來得以以合法名義對朝派兵制衡清朝，還間接撼動了清朝作為朝鮮宗主國的地位。

---

15　見《中日交涉史料》卷一頁五，日使至森有禮致總理衙門照會，引自：蔣廷黻：《近代中國外交史資料輯要》，湖南教育出版社 2008 年版，第 793 頁。

16　參見：《近代中國外交史資料輯要》，湖南教育出版社 2008 年版，第 795-807 頁。

17　大沢博明：〈天津条約体制の形成と崩壊 1885-94〉，《社会科学研究》43 (4)，1991年，第 79-154 頁。

1894 年，金玉均在上海被朝鮮政府派遣的刺客槍殺，其屍體被清朝引渡回朝鮮後被朝鮮政府當局以凌遲之刑戮屍示眾，中日關係極度惡化。1894 年，朝鮮東學黨領導的農民起義爆發，中日相繼派兵前往朝鮮進行干預。起義被鎮壓後，日本軍隊遲遲不撤軍，要求清朝與日本一道促進朝鮮改革，但遭到清朝拒絕。[18]1894 年 6 月 25 日，8,000 名日本士兵佔領了朝鮮皇宮，並建立了親日傀儡政權；清政府拒絕承認新朝鮮政府的合法性。同年 8 月 1 日，雙方宣戰，甲午戰爭正式爆發。1895 年 4 月，北洋水師被日本海軍覆滅，清朝與日本簽訂了喪權辱國的《馬關條約》，被迫割讓台灣與遼東、賠款超過兩億両白銀、承認朝鮮獨立。隨着清朝失去了它最後一個屬國，天下秩序宣告崩塌。

如果說中國天下秩序與西方國際社會之間存在「文明的衝突」，那麼甲午戰爭就是這一衝突最具代表性的縮影。這很鮮明地反映在了兩國皇帝頒佈的宣戰詔書上。日本明治天皇發表的戰書寫道：「苟不違反國際公法，即宜各本權能，盡一切之手段，必期萬無遺漏。惟朕即位以來，於茲二十有餘年，求文明之化於平和之治……查朝鮮因帝國率先使之與諸獨立國為伍而獲得之地位，與為此表示之條約，均置諸不顧，以損害帝國之權利利益，使東洋平和永無保障。」[19]此時的日本已能熟練地援

---

18　蔣廷黻：《近代中國外交史資料輯要》，湖南教育出版社 2008 年版，第 903 頁。

19　アジア歴史資料センター：御署名原本・明治二十七年・詔勅八月一日・清国二対シ宣戦，Ref: A03020165699。

引「國際法」、「文明」、「條約」等近代國際社會通行的理念，來解釋其戰爭行為。這不僅使日本的軍事行動獲得國際認同，而且有效地動員了日本國內對戰爭的支持。一些原本反戰的日本知識分子甚至把甲午戰爭視作「文野之爭」。反觀光緒皇帝，其在戰書中依然執着於僅適用於中朝的朝貢體制敍事：「朝鮮為我大清藩屬，二百餘年，歲修職貢，為中外所共知。近十數年，該國時多內亂，朝廷字小為懷，疊次派兵前往戡定，並派員駐紮該國都城，隨時保護。」[20] 解釋自身國家行為，需要利用國際社會通用的話語來獲得支持和認同。日本與清朝哪一方在外交中更懂得利用國際社會的規則來維護國家利益，高下立判。

清朝在甲午戰爭中的慘敗，證明了不徹底的近代化改革注定失敗。在軍事上，洋務派引進了大量機械生產技術，開辦了官辦軍工企業，且花費了大量銀兩建設北洋水師，但終究未能在 1895 年的甲午戰爭中戰勝日本。究其根本，原因在於清朝只關注轉移西方技術，而完全沒有改革政教體系、財政體系和貨幣政策來支持民族工業的發展。[21] 缺乏民族工業支持的軍事建設更像是一種粉飾太平的門面工程。清政府在扶持洋務運動時，只是簡單地把中央政府的財權下移；這不僅加重了官辦企業的腐敗，還給中央政府帶來嚴重的財政危機。反觀日本，

20　七月初一日（八月一日）內閣奉上諭，引自：蔣廷黻：《近代中國外交史資料輯要》，湖南教育出版社 2008 年版，第 953 頁。

21　井上清：〈中國的洋務運動與日本的明治維新〉，載《近代史研究》1985 年第 1 期，第 218-244 頁。

其在明治維新時期改革地稅增加財政收入，並通過扶持民間企業擴充稅源，使中央政府擁有了充足的資本發展民族工業。[22]另外，中國士大夫階層對貨幣政策的重要性普遍缺乏認識。在19世紀末，幾乎所有歐洲國家都在使用金本位，導致金價日益攀升，而銀價日益貶損。這導致清朝在對外貿易和支付賠款時嚴重吃虧。直到1911年垮台，清朝依然在使用銀本位。由於中央政府無法有效地開展投資和公共事業，致使民生凋敝，催生了1900年的義和團之亂，以及隨之而來的八國聯軍侵華。1900年，清朝被迫簽下《辛丑條約》後背負巨債，無力完成近代化改革的使命。1911年辛亥革命爆發後，中國各省宣佈獨立。1912年2月12日，清朝皇帝宣佈退位。中國王朝統治宣告結束。

---

22　劉濟勇、張楠：〈財政視角下洋務運動與明治維新的比較研究〉，載《西部論壇》2013年第23卷第2期，第95-101頁。

第五章

# 民國外交：中國外交現代化
# 的起點 (1912-1949 年)

　　1912 年 3 月 10 日，袁世凱在北京就任中華民國第二任臨時大總統，唐紹儀出任內閣總理。清朝的外務部改為外交部後，陸徵祥受提名出任外交總長。北洋政府的外交表現可以概括為：以不承認政策保全了中國領土；主動融入國際社會，善於使用國際法和國際社會的規則維護國家利益。這和袁世凱本人及其行政團隊的出身不無關係：袁世凱本人在清末主持過對朝鮮的外交，對外交工作自是非常重視；陸徵祥出身於京師同文館，晚清為駐俄大使，精通外語，深諳外交知識，其妻是一位比利時人。

　　陸徵祥上任後推動外交部改革，有力地促進了中國外交事業的專業化。陸徵祥在答應回國就任外交部部長前，曾向袁世

凱提出：外交部指揮權應歸外交總長，其他部會不得干涉；陸
徵祥本人不向其他部會推薦人選，其他部會也不能對外交部推
薦人選。陸徵祥的這些要求是為了確保外交工作的獨立性和專
業性。袁世凱答應了這些要求後，陸徵祥才歸國就任。就任後，
陸徵祥首先參考法國的外交部管理制度，確立了《外交部組織
章程》，設總長和次長各一名主持外交部事務，並設一廳四司
（總務廳、外政司、通商司、交際司及庶政司）來負責處理日
常事務。其次，為了建立職業外交官制度，陸徵祥還制定了三
個人才選拔原則：外交人員必須以考試選拔；選拔標準應打破
省界；優先選拔精通外語者。[1] 清朝的外交官往往不懂外語，也
沒有外交知識。陸徵祥的舉措改變了這一現狀，也在很大程度
上杜絕了中國官場中靠裙帶關係獲得職位的陋習。最後，陸徵
祥成功地把外交事權收歸中央政府。清朝時中央政府以督撫管
理夷務，地方政府與外國大使各自辦理外交，中央外交事權衰
弱。1913 年 1 月 8 日，中華民國公佈《劃一先行中央直轄特別
行政官廳組織令》，規定地方辦理交涉機構人員全改為中央直
屬機構所屬。1913 年 5 月 21 日，外交部頒佈《外交部特派各
省交涉員及各埠交涉員職務通則》，在各省和各埠設外交部交
涉署，令地方外交人員向外交部負責。[2] 這些改革措施為之後北

---

1　張憲文、張玉法主編：《中華民國專題史》（第三卷，北京政府時期的政治與外交），
　　南京大學出版社 2015 年版，第 86-88 頁。

2　張憲文、張玉法主編：《中華民國專題史》（第三卷，北京政府時期的政治與外交），
　　南京大學出版社 2015 年版，第 88 頁。

洋政府和南京政府時期的外交打下了比較良好的基礎。

北洋政府在初期就利用不承認政策，在名義上保全了西藏、內蒙古和滿洲（中國東北），為後來南京政府和共和國時期進一步維護中國領土主權完整打下了基礎。[3]1912年民國初創時，中國立即明確宣告蒙古、西藏、新疆各地方的一切政治俱屬中國內政。英國當時煽動西藏獨立，不僅拒絕承認中國主權，而且在西姆拉會議上企圖誘使中國代表「草簽」條約。北京政府在接到消息後，立即聲明拒絕草簽、不承認英國與西藏代表簽署的一切條約。這種「不承認政策」有效地保證了中華人民共和國建立後順利回收中國對西藏和東三省（下文會有提及）的主權。雖然北洋政府於1915年與日本簽署了《民四條約》，但後來的南京政府拒不承認其合法性。在日本無法獲得條約應允利益的情形下，關東軍採取強硬的軍事手段解決問題，設立偽滿洲國，最終以失敗告終。中華民國最大的失利是外蒙古。1915年，袁世凱政府通過與沙俄、蒙古簽署《恰克圖條約》，使俄國承認蒙古為中國領土。但中國向來對外蒙古缺乏實際控制能力。1917年蘇聯政權上台後，不斷加大力度介入中國內政，煽動外蒙古獨立。1945年，蔣介石簽署《中蘇友好同盟條約》，中國喪失了對外蒙古的主權。

民國最大的安全威脅來自東鄰日本。日本帝國在1905年

---

3　對於這一時期的歷史過程，參見：William C. Kirby, "The Internationalization of China: Foreign Relations at Home and Abroad in the Republican Era," *The China Quarterly*, No.150, 1997, pp.433-458。

打敗俄國，兼併朝鮮；根據 1905 年 9 月 5 日日本與俄國簽訂的《樸茨茅斯條約》，俄國將旅順口、大連灣並其附近領土領水之租借權，以及租借疆域內的南滿鐵道轉移給日本政府。自此，日本在中國東北取得落腳點。但問題在於，安奉鐵路將在 1920 年到期，旅大租借地也將在 1923 年期滿。[4] 這意味着日本必須迫使中國簽下另一個條約來令日本在華利益永久化。1914 年一戰爆發給了日本將此想法付諸實踐的機會。當時日本外務大臣加藤高明見中國國力虛弱而歐洲各國激戰正酣，力促國會於 1914 年 8 月 23 日向德宣戰，奪取了德國在山東省膠州灣的租借地並佔領了膠濟鐵路沿線。1915 年 1 月 18 日，日本公使日置益向袁世凱政府提出了「二十一條」，主要目的是要把旅大租地和安奉、南滿兩鐵路租期延長 99 年。[5] 其中，條約的第四號要求，中國不得把沿海港灣和島嶼租與他國；第五號甚為苛刻，要求中國中央政府須聘用有力之日本人充當軍事、財政、軍事顧問；概允日本在中國所設學校、醫院、寺院的所有權和日本在長江流域幾條鐵路的修築權；中日合辦兵工廠等。

北洋政府缺乏與日本進行直接軍事抗衡的實力，但有效利用了外交手腕和國際輿論，減少了「二十一條」造成的損失。[6]

---

4　Herbert Wright, "Japan's Rights in Manchuria," *Advocate of Peace through Justice*, Vol.94, No.1, 1932, pp.40-44.

5　Ian Hill Nish, *Japanese Foreign Policy in the Interwar Period*, Greenwood Publishing Group, 2002, p.95.

6　張憲文、張玉法主編：《中華民國專題史》（第三卷，北京政府時期的政治與外交），南京大學出版社 2015 年版，第 97-105 頁。

首先，袁世凱在對日談判時立下原則：凡已讓與他國之利益，可以給日本；凡未讓與之利益，決不讓步。當時列強之間存在「利益均沾」原則，即不希望任何一方在華利益大過其他國家；袁世凱則利用了這點來制約日本，防範其在條約中對中國過度剝削。其次，袁世凱在談判中採取了拖延戰術爭取時間。他一方面指示陸徵祥與日本逐條交涉，另一方面自己在幕後指導談判。當時日方要求每週交涉五次，但陸徵祥則以公務繁忙為由，堅持每週交涉一次。最後，袁世凱通過向列強泄露條約內容，增加了日本的談判壓力。[7] 日方當時要求中方對談判保密，力圖以秘密條約的形式速戰速決。袁世凱一開始答應了日方的要求，但顧維鈞認為，「二十一條」談判是在武力威脅下答應的，泄密並非不正當。於是，陸徵祥在北京拖延日置益之際，顧維鈞於 1915 年 1 月 22 日把條約具體內容告知美國。輿論壓力下，日本不得不向列強公佈條約內容。2 月 22 日，英國向日本提出交涉，認為日本違背了日英同盟的相關條款，敦促日本停止提出「損害中國行政獨立和領土完整的要求」。3 月份，美國也向日方提出了備忘錄，批評日本的要求不僅損害中國獨立和領土完整，還損害了機會均等主義。5 月 6 日，英國向日本提出備忘錄，表示英國不同意日本對華採取武力手段。5 月 7 日，日本向中國發出最後通牒，聲稱撤回第五號要求，但中方必須接受第一、二、三號要求。5 月 8 日，袁世凱召集特別會

---

7　　侯中軍：〈英國與中日「二十一條」交涉〉，載《歷史研究》2016 年第 6 期，第 86-103 頁。

議，認為日方最後提出的條件「比初案挽回已多」，且「我國國力未充，目前尚難以兵戎相見，權衡利害，而不得已接受日本通牒之要求」。1915 年 5 月 25 日，袁世凱政府與日本簽訂《民四條約》後，中華民國政府承認，將旅順、大連租借期限並南滿及安奉兩鐵路之期限均延展至 99 年為期；日本繼承德國在山東的一切權利，還增加築路通商的特權。

中國學界普遍認為袁世凱與日本簽署「二十一條」乃賣國之舉。但如果縱觀談判過程，對比條約在談判前後的變化，可得知其實袁世凱政權已通過利用國際社會的輿論和外交手腕，很大程度上制約了日本的野心。但「二十一條」釀成了之後中日關係中的兩大問題：一個是日本是否能夠繼承德國在華權益的問題，即山東問題；另一個是日本在滿洲權益的合法性問題，這最後演變成了 1931 年的「九•一八」事變。

北洋政府主動加入國際社會來爭取國家利益的另一案例是其對一戰的參與。「二十一條」交涉之後，外交部總長陸徵祥向袁世凱建議，中國應參加一戰，以便在戰後和會中爭取挽回山東權益。這一決定由於日本阻撓遲遲未能落實，兩年後才在美國的支持下得以實行。[8]1917 年 2 月 2 日，德國宣佈實行無限制潛水艇戰爭政策，美國以其侵害美海外商業利益於次日與德國斷交，並希望包括中國在內的其他中立國家同美國採取一

---

8    張憲文、張玉法主編：《中華民國專題史》（第三卷，北京政府時期的政治與外交），
     南京大學出版社 2015 年版，第 102 頁。

致策略。3 月 5 日，一艘載有 500 名華工的法國船被德國潛艇擊沉，中國隨之宣佈與德國斷交。8 月 14 日，中國宣佈對德國和奧匈帝國宣戰。[9] 宣戰後，中國隨之宣佈廢止德國與奧地利條約特權，收回租界，頒佈《處置敵國人民條規》、《禁止與敵國通商條約》等，按照規定對德賠款停止還本付息，設立戰俘收容所，收管了大批德資銀行、煤礦、洋行等資產，並向歐洲派出 14 萬華工協助協約國。這是中國第一次主動參與國際戰爭，履行交戰國的義務。

1918 年 11 月 11 日，德國投降，一戰結束，美國總統威爾遜提出了「民族自決」的新外交理念。中國以戰勝國身份參與戰後和約會議，欲奪回山東主權。1919 年初巴黎和會期間，中國代表團向大會提出《德奧和約中應列條件說帖》、《廢除民四條約說帖》、《山東問題說帖》和《希望條件說帖》等說帖，強調應廢除中國在武力威脅下簽署的不平等條約，將德國在山東之權益歸還中國。[10] 對此，日本以中日已有《民四條約》和《關於處理山東省各問題換文》之成約為由，[11] 堅持不在山東問題上讓步，否則不在對德和約上簽字，不加入國聯。美國雖然有心祖

---

9　Tsai Yuen-Pei, "Why China Has Declared War on Germany," *Chinese Social and Political Science Review*, Vol.3, 1918, p.307.

10　有關民國政府在巴黎和會上的外交過程，參見：唐啟華：《巴黎和會與中國外交》，社會科學文獻出版社，2014 年版。

11　袁世凱逝世後，總理段祺瑞掌握北洋政府實權，與日方交好。此時日本大隈重信內閣對中國採取「援段政策」，對華發起「西原借款」，並在 1918 年 9 月 24 日與中方簽下《關於處理山東省各問題換文》。日方認為此換文相當於是默認了《民四條約》的合法性。

護中國，但無力反對英法意三國對日本的支持，不得不退讓。
最後在美英法三國會議中，三國決定不言及中日之間的條約問
題；威爾遜建議日本，應自願承諾將山東半島主權交還中國，
僅保留德國在山東的經濟權益。對此，日本代表牧野伸顯作了
口頭上的半正式承諾。中國代表團深知這增加了山東問題的不
確定性，拒絕在 1919 年 6 月 28 日的《凡爾賽條約》上簽字。

但中國並未完全失去收回山東主權的機會。通過聯合美
國，中國得以在 1921 年至 1922 年的華盛頓會議上解決山東問
題。華盛頓會議是美國、英國和日本安排遠東利益的會議。美
國一直擔心日本過度干預中國，成為東亞地區霸權；日本則因
軍費負擔沉重（在 1921 年軍費佔政府支出的 49%）[12]，急需與美
國達成和解。[13] 華盛頓會議前，北京政府已做好多方準備，並
派出駐美公使施肇基、駐英公使顧維鈞和前司法總長王寵惠三
位全權代表參加會議。1921 年 11 月 12 日，中方代表施肇基在
會上提出了「十項原則」，其要點為尊重中國領土完整、中國贊
成美國門戶開放政策；這幫助中國掌握了會議的議程設置權。
美國在「十項原則」的基礎上草擬了《九國關於中國事件適用各
原則及政策之條約》，其中包含四條有關中國的原則：(1) 尊重

12  John K. Fairbank and Albert Feuerwerker, eds., *The Cambridge History of China. Vol.13: Republican China 1912-1949. Part 2*, Cambridge University Press, 1986, p.104.

13  Sadao Asada, "Between the Old Diplomacy and the New, 1918-1922: The Washington System and the Origins of Japanese-American Rapprochement," *Diplomatic History*, Vol.30, No.2, 2006, pp.211-230.

中國主權與獨立及領土與行政之完整；（2）給予中國完全無礙的機會，以維持和發展一有力而穩定的政府；（3）施用各國權力，保障各國在華之商務、實業的機會均等；（4）不得利用中國現狀，謀求特別權利，致減少友邦權利，並不得獎許有礙友邦的舉動。英法統一歸還威海衛、廣州灣等部分租借地；日本則最後同意歸還膠州灣、膠濟鐵路，從山東撤軍，但條件是中國必須支付 4,000 萬日圓贖回日方資產。1922 年 2 月 6 日，《九國公約》正式簽署，確立了「凡爾賽 - 華盛頓體系」；日本獨霸東亞的野心被迫收斂，中國主權和外交環境較此前大為改善。[14]

但北洋政府始終未能建立統一的國家政權；這一情況一直持續到 1928 年南京國民政府上台。孫中山在北洋政府時期因無法獲得西方支持，轉而尋求蘇聯的援助，提出「聯蘇聯共」及「以黨治國」的方針。孫中山去世後，給蔣介石留下「革命尚未成功，同志仍需努力」的遺言。蔣介石以「革命外交」為口號開展北伐戰爭，主張收回租界、關稅自主和廢除治外法權。當時西方在一戰後已經開始衰退，已無力維護在中國的殖民利益。1927 年 1 月，北伐戰爭勝利，國民政府遷都武漢。迫於國民政府和羣眾運動的壓力，英國於 1927 年宣佈歸還位於漢口和九江的租界。1927 年 5 月 11 日，南京國民政府外交部部長伍朝樞發表了《國民政府將採取正當手續廢除一切不平等條約之宣

---

14　Sadao Asada, "Japan's 'Special Interests' and the Washington Conference," *The American Historical Review*. Vol.67, No.1, 1961, pp.62-70.

言》，宣佈廢除協定關稅，中國關稅自主。當時西方列強在經歷一戰後元氣大傷，無暇東顧；英國雖然起初堅持派兵保護漢口租界，但實際上已無力維持其在中國的利益。1928年，國民政府遷都南京；1930年，蔣介石贏得中原大戰，中國南北初步統一，結束了長期軍閥割據的混亂局面。

　　所謂「革命外交」，其內涵是不按照既有的外交規則，甚至是以破壞國際社會規範的方法行事。曾在歐洲長期留學的國際法學者周鯁生在北伐期間發表〈革命的外交〉一文提出，「革命的外交，決不能是紳士式的」，「流氓的方法，實在是對待帝國主義列強政府最有效的外交方法」。國民政府在北伐戰爭時期實行「革命外交」，更多是一種權宜之計，主旨在於激發中國民眾的民族主義，短時間內推動國家統一。雖然「革命外交」為中國收回了部分主權，但客觀上也破壞了保護中國的「凡爾賽-華盛頓體系」。[15]「凡爾賽-華盛頓體系」有效的前提是，中國承認列強在華權益，而列強則承認中國領土主權和行政獨立。日本在華權益最多，因此北洋政府通過此體系達到了遏制日本的目的。但在「凡爾賽-華盛頓體系」遭到「革命外交」的破壞後，列強離開中國，再也沒有別的國家可以制衡日本在滿蒙的進一步擴張。隨着中國對日外交日益雙邊化，中國不得不獨自面對日本這一東亞地區霸權。

---

15　有關國民黨革命外交對華盛頓體系的動搖，可參見：王立新：〈華盛頓體系與中國國民革命：二十年代中美關係新探〉，載《歷史研究》2001年第2期，第56-68頁。

日本一直對中國如何處理滿蒙問題心存疑慮。日本視南滿鐵路和旅順租借地為日本的「生命線」，把「二十一條」作為處理該問題的根據；但是中國國內自辛亥革命和五四運動以後民族意識覺醒，普遍視「二十一條」為帝國主義者對華施加的不平等條約。[16] 1928 年的東北易幟事件更是加劇了日本的焦慮。當時，主持日本外交的外相幣原喜重郎主張「協調外交」，反對日本過度使用武力解決爭端；蔣介石認為東北問題的主因是日本政府與軍隊不協調導致的，因而實行「不擴大方針」，對東京寄予厚望。但蔣介石當時的判斷存在重大失誤。首先，日本關東軍早已經脫離了東京政府的控制，時常擅自行動，「下克上」的習氣已蔚然成風。其次，日本國內經濟受全球金融危機嚴重戕害，失業率高企；軍國主義在政壇中逐漸佔了上風。[17] 在此情形下，日本外務省已無法制約關東軍在中國東北任意妄為，對日軍侵華暴行的態度從勸誡逐漸走向默許。[18]

1931 年 9 月 18 日，日本關東軍策動「九・一八」事變，炸毀了柳條湖附近的南滿鐵路鐵軌，並嫁禍於中國。雖然南京和東京都希望通過外交途徑解決問題，但對東北局勢最有影響力的是關東軍，他們決定在中國東三省建立傀儡政權，把日本在

---

16  羅志田：《亂世潛流：民族主義與民國政治》，上海古籍出版社 2001 年版。

17  Smethurst Richard, "Takahashi Korekiyo's Fiscal Policy and the Rise of Militarism in Japan during the Great Depression," in *Turning Points in Japanese History*, ed. Bert Edstrom, Routledge, 2013, p.163.

18  服部龍二：《幣原喜重郎外交と二十世紀の日本外交と民主主義》，東京：有斐閣，2006 年，第 167 頁。

滿洲的利益永久化。1932 年 2 月，日軍迅速佔領東北大部分地區；同月，日本在東三省建立傀儡政權「偽滿洲國」。中國面對此困境，力圖通過國聯外交制衡日本。[19]1932 年 4 月，國聯委派的李頓調查團結束對「九・一八」事變的調查，建議日本從東北撤軍。1933 年 2 月 24 日，國聯大會以 42 票贊成，日本 1 票反對，通過了 19 國委員會關於接受《李頓調查團報告書》決議，重申不承認偽滿洲國。3 月 27 日，日本正式宣佈退出國聯。這意味着國際社會分崩離析，南京政府的國聯外交正式破產。

　　1933 至 1935 年間，國民政府走上與日本直接交涉的道路。1934 年 10 月，蔣介石以陳布雷的名義發表了名為〈敵乎？友乎？——中日關係的檢討〉的文章，主張中日和平：「我敢說，一般有理解的中國人，都知道日本人終究不能作我們的敵人，我們中國亦究竟須有與日本攜手之必要。」[20]此後，中日關係出現了短時間的回暖。1935 年 1 月，日本外相廣田弘毅發表對華演說，答應「在本人擔任外相內不會發生戰爭」。1936 年 2 月 29 日，王寵惠訪問東京，提出了改善中日關係的三項原則，要求中日「和平解決中日關係、平等交往、取締反日運動」。然而，廣田弘毅對此並不接受，反而提出「廣田三原則」，

19　洪嵐：〈南京國民政府的國聯外交（1937—1941）〉，載《華南師範大學學報（社會科學版）》2009 年第 4 期，第 81-86 頁。

20　劉維開：〈〈敵乎？友乎？——中日關係的探討〉新探〉，《抗日戰爭研究》2012 年第 83 期，第 142-151 頁。

要求中國承認偽滿洲國。[21] 此後，中日關係急轉直下，中國國內抗日情緒高漲。1937 年 7 月 7 日，日軍發動「盧溝橋事變」，中日戰爭全面爆發，直至 1945 年日本才正式向盟軍投降。中國在此期間傷亡數千萬人，財產損失超過 5,000 億美元，現代化進程被嚴重打斷。

1945 年 2 月 11 日，盟軍即將取得勝利之際，蘇聯、美國和英國簽訂《雅爾塔協定》以劃分遠東利益。斯大林要求，如果蘇聯派兵對日作戰，外蒙古必須維持現狀。美國總統杜魯門對此表示同意。6 月 27 日，國民政府行政院院長宋子文率團前往莫斯科與斯大林商討外蒙古問題，但此期間斯大林一改雅爾塔會議上的説辭，堅持外蒙古獨立。最後在 7 月 3 日，蔣介石指示，可以以東三省主權和行政完整及蘇聯不支持共產黨為條件，允許外蒙古獨立。[22]8 月 14 日，國民政府與蘇聯簽訂《中蘇友好同盟條約》，同意外蒙古根據公投結果獨立；次年，民國政府承認了外蒙古獨立。中國喪失了外蒙古的主權。

民國外交可以被分為兩部分，即北洋政府時期（1912 至 1926 年）和國民政府時期（1927 至 1949 年）。在北洋政府

---

21　齊福霖：〈「廣田三原則」與國民政府的對策〉，載《近代史研究》，1994 年第 3 期，第 103-116 頁。

22　《中蘇友好同盟條約》是在雅爾塔秘密協定的基礎上形成的。有關這一歷史過程，參見：George W. Atkinson, "The Sino-Soviet Treaty of Friendship and Alliance," *International Affairs (Royal Institute of International Affairs 1944)*, Vol.23, No.3, 1947, pp.357-366; 陶文釗：〈1945 年中美蘇關係的一幕 —— 從雅爾塔秘密協定到《中蘇友好同盟條約》〉，載《美國研究》1990 年第 4 期，第 125-145 頁。

時期，中國主動參與國際社會的秩序建設，依靠「凡爾賽－華盛頓體系」維護領土完整和行政獨立，為中國未來回收主權爭取了時間。新中國成立後的學界對北洋政府往往評價不高。但這種觀點忽略了北洋政府外交在非常困難的條件下取得了不俗的成績。首先，陸徵祥、顧維鈞等外交官依然不懈努力，中國外交體制實現了現代化和專業化。其次，北洋政府時期的中國主動融入國際社會，參與一戰、加入國聯，成功地在戰後談判中收回了許多在清末時期損失的國家利益。袁世凱簽署「二十一條」常被詬病為喪權辱國，但袁世凱政府的妥協並非外交無能所致。北洋政府初期軍事實力弱小，無力與日本直接進行軍事抗衡；在被迫簽署《民四條約》後，北洋政府通過與國際社會協調的外交，在國家軍事力量如此薄弱的情況下，抵制了日本對中國主權危害極大的條款，使日本落得「慘勝」；後來更是積極地利用「凡爾賽－華盛頓體系」收回了山東權益。北洋時期中國的外交一改清朝與國際社會逆流而行的窘境，其外交實踐中展現出的進步性不應該被否定。

　　國民政府外交暴露了中國經濟和軍事實力（「硬實力」）匱乏的弱點。國民政府執政期間，中國雖然得以統一，但國際社會在全球金融危機後分崩離析，「凡爾賽－華盛頓體系」已無法為中國主權完整和獨立提供庇護。在日本進行戰爭的過程中，中國國民經濟建設不力的弱點暴露無遺。有歷史學家指出，其中的根本原因在於國民政府從始至終都處於嚴重的財政困難當

中，未能騰出資本發展民族工業來和日本抗衡。[23] 北洋政府上台後改革財政，雖說形成了中央政府、省政府、市政府三級稅務機構，但實際上土地稅收依然由地方軍閥和地方政府控制。為填補財政空缺，北洋政府大舉外債，財政困難進一步加劇。國民政府在 1928 年的全國經濟會議上，依然沒有對此積弊作出改革，直到 1941 年。許多人把 1927 年至 1937 年稱為中國經濟發展的「黃金十年」，但事實上，國民政府在此期間未能達到對地方政府的有效控制，稅收結構嚴重失衡：佔國民經濟 30% 多的工商業承擔了 90% 以上的國家稅收；農業佔國民經濟 60% 多，但其所承擔的國家稅收不足 5%。[24] 中華民國中央政府雖然維持了國家在表面上的主權，但始終沒有形成支持民族工業發展的財政力量。這個問題直到共和國時期才得以解決。

當國際社會解體時，國家間關係將從國際社會退行到國際系統中運作；此時，國家的軍事和工業實力對維護主權而言尤為重要。民國時期的中國雖然高度融入國際社會，但始終處於世界體系的邊緣位置。維護國家利益無疑需要國際社會的支持，但不能只依靠國際社會。這為之後共和國時期的國策提供了寶貴的經驗教訓。

---

23　Albert Feuerwerker, "Economic Trends, 1912-49," in *The Cambridge History of China: Volume 12, Republican China, 1912–1949, Part 1*, ed. John K. Fairbank, Cambridge: Cambridge University Press, 1983, p.73.

24　柯偉明、于廣：〈民國稅收史研究中的三種「關係」〉，載《中國社會經濟史研究》2015 年第 4 期，第 75 頁。

第六章

# 共和國外交：
# 從革命外交到國際社會（1950年至今）

　　二戰後，世界秩序進入兩極格局。隨着 1946 年邱吉爾發表鐵幕演說，世界被分割為兩個國際社會 —— 社會主義陣營和資本主義陣營。1949 年至 1978 年期間，兩極格局成為驅動和制約中國外交行為的基本國際結構。在這一國際結構中，中國外交在左右兩個方向上「搖擺」：左邊是以世界大戰為出發點、以實現世界革命為目標的革命外交，[1] 右邊是以和平發展為出發點、以融入世界體系為目標的務實外交。中國外交的「搖擺」經歷了三個階段：在 1950 年代，中國加入了以蘇聯為首的社

---

1　此處的革命外交與 1926 至 1928 年國民黨北伐時期的「革命外交」內涵不一樣。國民黨革命外交的目標是廢除不平等條約；共產黨革命外交的目標是實現世界革命。

會主義陣營，但在 1950 年代後期因革命路線問題與蘇聯決裂；在 1960 年代，中國外交全面左偏，與美蘇兩霸同時為敵，自絕於兩個國際社會；1970 年代，中國與美國接觸，最後「聯美抗蘇」，加入了西方主導的國際社會，回到了務實外交的和平路線。

1949 年 10 月 1 日，中華人民共和國成立。新中國在成立初期採取了「一邊倒」的外交政策，放棄了與美國建交的機會（〈別了，司徒雷登〉），爭取到了以蘇聯為首的社會主義國家的承認，顯示出了加入社會主義國際社會的決心。

歡慶之餘，中國面臨着一個重大挑戰：如何處理國民政府與蘇聯簽訂的《中蘇友好同盟條約》？當蘇聯在 1945 年參加雅爾塔會議時，提出了恢復俄國在沙皇時期被日本攫取之權益的要求，其中涉及中國權益的條件包括：蘇聯恢復租借旅順港作為海軍基地；蘇聯與中國共同經營中東鐵路以及南滿鐵路。[2] 這些通過 1945 年的《中蘇友好同盟條約》得以實現。雖然蘇聯在 1949 年以前給予中國共產黨非常大的支持，但是一個無法辯駁的事實是，蘇聯是一個在中國有着特殊利益的超級大國，而主持着蘇聯對華外交的斯大林，更像是一個馬基雅維利式的民族主義政治家，而非國際主義者。

中蘇關係從一開始就因民族主義問題漸生嫌隙。在宣佈「一邊倒」後，1950 年 2 月，毛澤東訪問莫斯科，但沒有得到

---

2　《中蘇友好同盟條約》對後來的中蘇關係產生了非常負面的影響。畢竟斯大林的行為很難不讓中方認為，蘇聯在與英美的交易中出賣了中國。參見：李群：〈《中蘇友好同盟條約》與戰後中蘇關係〉，載《西伯利亞研究》，2002 年第 2 期，第 48-49 頁。

斯大林親自接見。一些分析判定，斯大林是想冷落毛澤東，擱置鐵路和海港問題。毛澤東向莫斯科提出了解決蘇聯租用旅順港和繼續管理中東鐵路等問題，但提議遭到斯大林拒絕，理由是更改《雅爾塔協定》可能會令蘇聯喪失千島羣島和南庫頁島。直到毛澤東不斷對莫斯科外交人員發難並要求與斯大林會談時（「我僅僅是來祝壽的嗎？我是來辦事的。」「難道我來這裏就是為天天吃飯、拉屎、睡覺嗎？」），斯大林才意識到了中國領導人的民族情緒。[3] 1 月 20 日，周恩來總理兼外長率團訪問莫斯科，並終於在 2 月 14 日簽署了三個重要的條約：《中蘇友好同盟互助條約》、《關於中國長春鐵路、旅順口及大連的協定》和《關於蘇聯貸款給中華人民共和國的協定》。民族獨立和主權是中國共產黨的合法性根基，如果不能處理好東三省主權問題，中共領導人很難回國向人民羣眾交代。

這些協定的簽署並沒有完全消弭中國與蘇聯初次接觸時產生的隔閡。首先，《中蘇友好同盟互助條約》完全沒有觸及外蒙古獨立的問題。中國實際上已永遠喪失了收回外蒙古的可能。其次，蘇聯給予中國的貸款僅有 3 億美元，比蘇聯於 1949 年給波蘭的貸款還要少 1.5 億美元。[4] 蘇聯還借助其強勢地位，於 1950 年 2 月 10 日向中方提出了簽署《補充協定》的要求，其中

---

3　有關毛澤東生氣的具體程度和事件背景，參見：楊奎松：《毛澤東與莫斯科的恩恩怨怨》，江西人民出版社 2008 年，第 296-299 頁。

4　Wu Hsiu-chuan, "Sino-Soviet relations in the early 1950s", *Beijing Review*, Vol.47, 1983, pp.20-21.

聲明：「無論是在蘇聯的中亞共和國和遠東地區的領土上，還是在中華人民共和國的滿洲和新疆境內，都不給外國人提供租讓權，並不允許有第三國的資本或這些國家的公民以直接或間接的方式參與的工業的、財政的、商業的及其他的企業、機關、公司和團體的經營活動。」[5] 中華人民共和國成立後提出了驅逐一切外資出中國的主張。但根據《補充協定》，蘇聯不僅要求與中國合辦企業，還要求蘇聯資本獨佔中國東北和新疆。這與中國當時「打掃乾淨屋子再請客」的説法相衝突。但中國已經發出了「一邊倒」宣言，此刻並沒有甚麼選擇餘地。中共領導人最後還是決定接受蘇聯的《補充協議》。

社會主義陣營內部的國家始終無法解決一個矛盾：國際主義和民族主義，哪一個應該更優先？中國在實施對蘇外交時，應該把自身定位為一個社會主義國家，還是一個民族國家？毛澤東等早期中國領導人在新中國成立初期與蘇聯接觸時已經發現，蘇聯在處理社會主義陣營內部國家間關係時，似乎更傾向於把民族利益凌駕於國際道義之上。

這點在朝鮮戰爭得到了進一步證實。冷戰開始後，蘇聯和美國在朝鮮割據勢力範圍，導致朝鮮半島分裂。1948 年 5 月，美國幫助李承晚建立反共的大韓民國（韓國）政權；9 月，蘇聯也幫助金日成建立了朝鮮民主主義人民共和國（朝鮮）。當時蘇

---

5　中共中央文獻研究室：《建國以來周恩來文稿》第二冊，中央文獻出版社 2008 年，第 78-79 頁。

聯忙於處理柏林危機，無力分兵東線，希望消除美蘇在朝鮮爆發戰爭的可能性，於是在 1948 年 12 月從朝鮮撤兵；美國隨後也離開了朝鮮半島。但美蘇軍隊離開朝鮮半島反而帶來了發生戰爭的危機。1949 年 9 月，金日成尋求斯大林的軍事支持，準備統一朝鮮半島。當時，杜魯門已經把日本視作東亞的「反共堡壘」，而斯大林也希望在朝鮮半島樹立勢力範圍，因此沒有反對金日成的計劃。但斯大林強調，「蘇聯不會公開加入戰鬥」了；是否對韓國開戰，「應由中國同志和朝鮮同志共同決定」。[6]1948年，蘇聯還未製造出原子彈，而美國已經擁有了 300 枚核彈頭。懾於美國的實力，斯大林不希望蘇聯和美國直接爆發衝突。

1950 年 6 月，朝鮮戰爭爆發。[7] 雖然一開始朝鮮軍隊進展順利，不久就攻下了漢城（首爾），但情況很快在美國的干預下發生了逆轉。7 月，美國在蘇聯缺席聯合國安理會的情況下通過了組織「聯合國軍」的決議，派兵朝鮮，並在 9 月份佔領了漢城。此時，北京意識到，支援金日成對韓國作戰的責任實際上已經落在了自己的肩上。經過反覆斟酌後，中共中央最終決定在 1950 年 10 月組織中國志願軍出兵朝鮮。

---

6　〈羅申致菲利波夫電〉，1950 年 5 月 13 日；〈菲利波夫致毛澤東電〉，1950 年 5 月14 日，APRF，45/1/331/55。

7　有關中國決定出兵朝鮮的過程，參見：Allen S. Whiting, *China Crosses the Yalu: The Decision to Enter the Korean War*, First edition, Stanford, California: Stanford University Press, 1960; Bruce Cumings, *Origins of the Korean War, Vol.2: The Roaring of the Cataract, 1947-1950*, Princeton, NJ: Princeton University Press, 1992。

但這一決定並非沒有爭議。一方面，中國國民經濟尚未恢復，財政極度困難，難以支持龐大的軍事開支；另一方面，中國軍隊只有 200 架飛機，本用於收復台灣，此時卻要被調配到朝鮮戰場上。在 1950 年 10 月 3 日舉行的政治局擴大會議上，許多領導人都對出兵朝鮮持保守態度，認為沒有蘇軍的空中支援是不可以出兵的。顯然，面對擁有絕對制空權的美軍時，中國軍隊勢必付出慘痛代價。但毛澤東認為，中國對蘇聯的政治依賴太強，不利於民族獨立；主動介入朝鮮，可以使北京與莫斯科取得對等的政治地位。[8]10 月 9 日，周恩來與林彪出訪莫斯科與斯大林會談，尋求蘇聯空軍支持。斯大林在答應了中方要求後，中國才決定派兵朝鮮。但此後斯大林又改口，説「至少兩個半月後」才能調動蘇聯志願空軍團到東北。[9]結果直到 1951 年 3 月，中方依然沒有等來蘇聯空軍的支援。

　　後來在朝鮮戰場的種種迹象表明，蘇聯並不是一個靠得住的「老大哥」。當蘇聯空軍在 4 月姍姍來遲後，志願軍很快發現，蘇聯只給中國支援了四架無法與美軍 F-84 抗衡的米格 -9 戰機師團，而非其最精鋭的米格 -15 師團，無法保護志願軍脆弱的補給線免受美軍轟炸。為了不被美軍抓到在聯合國譴責蘇

8　　楊奎松：《中華人民共和國建國史研究 2》，江西人民出版社 2009 年版，第 115-121 頁。

9　　Zhihua Shen, "China and the Dispatch of the Soviet Air Force: The Formation of the Chinese-Soviet-Korean Alliance in the Early Stage of the Korean War," *Journal of Strategic Studies*. Vol.33, No.2, 2010, p.211.

聯的口實，這些老式蘇聯戰機採用志願軍塗裝，飛行員們穿着中國軍裝，不用俄語交談。當米格 -15 飛行隊在 1951 年夏天到達戰場時，蘇軍拒絕與志願軍共同編隊，而且沒有對在朝鮮半島上的美軍設施發動攻擊。顯然，斯大林希望借助中國之力幫助朝鮮，但不願派遣蘇軍干預，以免付出過多的軍事和政治代價。[10]1951 年 6 月，130 萬志願軍減員近半，美軍傷亡也接近 10 萬，軍事對峙進入僵持狀態，雙方都意識到不能再打下去了。精於算計的斯大林卻對數十萬志願軍的犧牲毫不在意。在 6 月 5 日一封給毛澤東的電報中，他鼓勵中國購買更多蘇聯武器，加快朝鮮戰爭進程：「您既然説志願軍大炮和反坦克武器少，兩個月前我就已經告訴您我們可以提供給您新的大炮和其他武器，為甚麼始終沒有收到您的訂單？」[11]但此時中朝美三方所有作戰人員都已疲憊不堪。金日成也意識到，武裝統一朝鮮半島已經不可能了。6 月 23 日，交戰雙方撤離「三八線」，非正式地提出了和談意向。在斯大林的干預下，交戰雙方因交換戰俘事宜遲遲未能達成共識；直到 1953 年 3 月 5 日斯大林逝世後，問題才得以解決。1953 年 7 月 23 日，交戰雙方簽署停戰協議，朝鮮戰爭宣告結束。

朝鮮戰爭給中國帶來的利弊一直是學界爭論的話題。從負面效應來看，共和國初期百廢待興，卻要在新中國成立第二年

---

10　Mark O'Neill, "Soviet Involvement in the Korean War: A New View from the Soviet-Era Archives," *OAH Magazine of History*, Vol.14, No.3, 2000, p.20.

11　楊奎松：《中華人民共和國建國史研究 2》，江西人民出版社 2009 年版，第 137 頁。

就耗費 50 萬人傷亡和 20 億美元進行戰爭，代價非常慘重。朝鮮戰爭也導致了中國和美國在此後 20 年裏隔絕。美國戰後把第七艦隊調至東亞，也打斷了共和國收復台灣的軍事計劃。從積極的角度看，中國通過支持朝鮮，不僅打造了一個有利於國家安全的地緣政治緩衝帶，其國際地位也因參與朝鮮戰爭有了明顯提升：中國不僅證明了自己也能與世界上最強的美軍相抗衡，而且主動參戰的決定使中國在社會主義陣營內部獲得了聲望。此後中國在很大程度上脫離蘇聯的陰影。但是，無論利弊哪方面更多，中蘇決裂的種子在朝鮮戰爭中已被悄然埋下。儘管斯大林死後，蘇聯對中國展開了許多經濟援助，但對於任何經歷過朝鮮戰爭且了解蘇聯援華內情的中國領導人來說，蘇聯的行為是令人失望的：它不僅逃避支援友邦的責任，而且還趁機販賣軍火。[12]

　　1953 年起，在周恩來總理的主持下，中國展開務實外交。1953 年 12 月 31 日至 1954 年 4 月 29 日，中國政府同印度政府派遣的代表團就關於中印兩國在中國西藏地區的關係問題在北京進行了談判。周恩來在接見印度政府代表團的第一天（1953 年 12 月 31 日），提出了「和平共處五項原則」：互相尊重領土主權（在亞非會議上改為互相尊重主權和領土完整）、互不侵

---

12　1972 年中日邦交正常化時，一些中方人士向日方外交人員透露，中國從蘇聯得到的軍事援助並非免費，並把蘇聯稱為「死亡商人」。參見：*Cambridge History of China, Part 3*, Chapter 6, Foreign Relations: From the Korean War to the Bandung Line. p.277。

犯、互不干涉內政、平等互惠（在中印、中緬聯合聲明中改為平等互利）與和平共處。這五項原則得到了印方的贊同，並寫入了 1954 年 4 月 29 日簽訂的《關於中國西藏地方和印度之間的通商和交通協定》。周恩來在 1953 年 12 月 31 日接見一名外國記者時提出，「中國要融入到世界外交的體系中去」[13]。次年，萬隆會議在「和平共處五項原則」的基礎上，提出了「十項原則」，奠定了「不結盟運動」的基礎。會議期間，中方代表廖志成與日本經濟審議廳長官高碕達之助密談，促成了 1962 年《中日長期綜合貿易備忘錄》的簽訂；赫魯曉夫在 1954 年的演講中，更是盛讚中國派兵朝鮮和提出「和平共處五項原則」等決策，認為中國成為國際關係中的一個重要力量。在中國國內，隨着中國第一個五年計劃取得的經濟發展成功，中國的國際地位獲得了顯著提升。

1956 年的波匈事件使中國在社會主義陣營內的地位進一步上升。斯大林死後，蘇共二十大公開批評斯大林，動搖了蘇聯在社會主義陣營內的權威；波蘭和匈牙利的去斯大林化運動逐漸演變為反蘇運動，直到蘇聯派軍鎮壓後才得以平息。在此期間，中共中央政治局發表了兩篇文章 ——〈論無產階級專政的歷史經驗〉和〈再論無產階級專政和歷史經驗〉，公開表明支持蘇聯領導地位，穩定了社會主義陣營內部的反蘇情緒。[14] 此

---

13 張歷歷：《當代中國外交簡史》，上海人民出版社 2018 年版，第 36 頁。

14 沈志華：〈一九五六年十月危機：中國的角色和影響 ——「波匈事件與中國」研究之一〉，載《歷史研究》2005 年第 2 期，第 119-143 頁。

後，中蘇關係進入「蜜月期」。1957 年 11 月，毛澤東第二次訪問莫斯科，與蘇聯簽下了國防新技術協定，蘇聯向中國提供原子能技術支援。當時，時值蘇聯成功發射人造衛星，社會主義陣營的形勢顯得很樂觀。毛澤東在 11 月 14 日的〈在各國共產黨和工人黨莫斯科會議上的講話〉中提出，「目前形勢的特點是東風壓倒西風」。

雖然莫斯科會議展現了社會主義陣營蒸蒸日上的氛圍（「帝國主義一天天爛下去，社會主義一天天好起來」），但掌聲的背後隱藏着中國和東歐之間在革命路線上的分歧。當時毛澤東認為世界大戰必將發生，對武裝革命路線的信念十分堅定。但東歐國家早已放棄了暴力革命的念頭。在 1957 年 11 月 18 日的莫斯科會議上，毛澤東發表一番有關核戰爭的論述，認為「真打原子戰，不見得是壞事，是壞事也是好事」；「全世界 27 億人，還剩下 9 億人，有 9 億人也好辦事，換來個帝國主義滅亡，換來個永久和平」。據赫魯曉夫回憶，當時除了宋慶齡發出了「會意的笑聲」外，其餘各國代表陷入了一片沉寂。[15] 捷克共產黨第一書記諾沃提尼會後抗議道：「中國有 6 億人口，損失一半尚存 3 億。但捷克只有 1,200 萬人。我們怎麼辦呢？」[16] 毛澤東這種說法意在表示中國不畏懼大戰的決心，並非意味着他真

---

15 赫魯曉夫：《最後的遺言：赫魯曉夫回憶錄集》，北京東方出版社 1988 年版，第 394 頁。

16 沈志華：〈毛澤東與 1957 年莫斯科會議〉，載《二十一世紀》2008 年 2 月號，總第 105 期，第 44 頁。

的支持核戰爭；但歐洲人對公開演講素來態度嚴肅，對他們來說，毛澤東有關核戰爭的言論令人感到極端不安。

更加令東歐人感到不安的是，中國已經打算與蘇聯陣營分道揚鑣了。蘇聯在 1956 年的蘇共二十大會議上，提出了美蘇和平共處的外交方針。但對世界革命持堅定信念的毛澤東對此感到不滿。在 1957 年莫斯科會議結束回到北京後，毛澤東召集政治局常委，對赫魯曉夫在二十大報告中關於和平共處總路線的提法提出了異議：「從外交政策和國與國的關係方面來講，應該建立在和平共處五項原則的基礎上，這是正確的。但是，作為國際共產主義運動，一個共產黨對外關係的總路線，就不能只限於和平共處。因為這裏還有一個……無產階級國際主義的問題。所以不能把和平共處作為一個黨的對外關係總路線。」[17] 雖然周恩來提出了「和平共處五項原則」，但毛澤東沒有放棄以實現世界革命為總目標的「革命外交」。但一個國家如何能在輸出革命的同時，又保持對國家間主權與和平的尊重？事實證明這是一對無法調和的矛盾。

在之後的短短兩年內，中國外交發生重大轉向。在 1958 年 1 月，中國共產黨召開南寧會議。這個會議有兩個重點。一是調整中國的經濟政策，拒絕蘇聯經濟學家提出的五年計劃建議，發動「超英趕美」的「大躍進」運動；二是將中國的外交政

---

17　吳冷西：《十年論戰 —— 1956—1966 中蘇關係回憶錄》，中央文獻出版社 1999 年版，第 152 頁。

策轉向「反帝反修」的革命外交。毛澤東在 1 月 16 日的會議上指出，對外關係僅僅滿足於和平共處是不行的；無論是兄弟、亞非還是西方，都要「又團結又鬥爭」。[18]2 月初，提出並主持了「和平共處五項原則」的周恩來被免去外交部部長職務，新的外交部部長由陳毅擔任。

此後中蘇關係全面交惡。[19]1958 年 7 月，赫魯曉夫在北京與毛澤東商討聯合艦隊事項的時候，毛澤東指責赫魯曉夫想要控制中國，雙方不歡而散；9 月，中國人民解放軍在未通報蘇聯的情況下炮轟金門，引發美蘇核戰危機；1959 年 3 月，蘇聯對西藏獨立示以聲援；6 月，蘇聯停止了對華核項目援助；同年 8 月，中印爆發邊境糾紛，蘇聯發表對中印衝突中立的聲明，表示不支持中國。在 1960 年 11 月於莫斯科舉行的共產黨和國際工人黨會議上，毛澤東與赫魯曉夫相互公開指責對方背離革命路線；[20] 為回應中方的指責，蘇聯單方面撤離了 1,400 名專家和數百個合作項目。 1961 年，蘇聯宣佈對與中國關係密切的阿爾巴尼亞斷交；1962 年，中國以蘇聯不因古巴導彈危機對美宣戰為由，與蘇聯斷交。 1963 年 9 月至 1964 年 7 月，中國

---

18　毛澤東：〈在南寧會議上的講話提綱〉，1958 年 1 月 16 日，〈建國以來毛澤東文稿〉，第七冊，第 16 頁。

19　Lorenz M. Lüthi, *The Sino-Soviet Split: Cold War in the Communist World*, Princeton University Press, 2010; Mingjiang Li, "Ideological Dilemma: Mao's China and the Sino-Soviet Split, 1962-63," *Cold War History*, Vol.11, No.3, 2011, pp.387-419.

20　Mark, Chi-kwan, "Ideological Radicalization and the Sino-Soviet split, 1956-64", *China and the World since 1945 – An International History*, Routledge, 2012, p.49.

與蘇聯之間的意識形態紛爭白熱化。其間，毛澤東親自主持撰寫了九篇文章，批評蘇聯是「修正主義」，認為蘇聯領導的「和平共處」「適應了美帝的需要」。這一令人費解的意識形態紛爭導致的唯一結果，是中蘇關係無可挽回地走向破裂。至此，中國不僅與美國領導的國際社會絕緣，也脫離了蘇聯領導的國際社會；它走上以自身為中心的、「反帝反修」的革命外交道路。正如毛澤東在 1962 年 9 月的八屆十中全會上所説的：「世界革命中心，是從莫斯科轉到北京了。」[21]

1964 年 10 月 16 日，中國第一顆原子彈在羅布泊核武器試驗場爆炸。掌握核武無疑滿足了中國人民的民族自尊心，但並沒有給毛澤東帶來更多的安全感。在經濟方面，「大躍進」被證明是一場災難性的試驗，中國未能證明自己走出新的社會主義經濟發展道路。在安全方面，中國作為一個貧窮的國家，竟然以一己之力同時與美蘇兩個超級大國抗衡。高昂的革命口號除了羞辱了蘇聯外，在外交上另一顯著效果是讓中國下不了台。1965 年 2 月，越南戰爭爆發，美國開始對越南民主共和國（北越）進行持續的戰略轟炸。中國非常忌憚擔心美國把戰火延伸至中國國內，同時擔心蘇聯趁機入侵中國。但身為「世界革命中心」，中國對越共負有「國際義務」；加之中共領導人與胡志明私交甚深，中國最終決定支援北越。[22] 雖然「大躍進」造成了

---

21  〈周恩來在八屆十中全會上的報告〉，1962 年 9 月 26 日。
22  有關毛澤東對援助越南時的考量和躊躇，參見：楊奎松：《中華人民共和國建國史研究 2》，江西人民出版社 2009 年版，第 252-254 頁。

全國性饑荒，中國處於極度的經濟困難，但在與蘇聯決裂後，中國革命外交的勢頭已是箭在弦上，不能回頭。

1966 年 8 月 8 日，中共中央通過《關於無產階級文化大革命的決定》，「文革」引起的極左思潮使中國外交陷入一片混亂。中國駐外大使和三分之二的使館人員都被召回國內，到農村接受再教育。主持外交工作的喬冠華、姬鵬飛被紅衛兵關在地下室。全國各地出現了羣眾以「反帝反修」為名義衝擊外國使館的案例。包括外交在內的一切政治事務都必須以階級鬥爭理論來理解。在 1966 年 9 月 3 日發表於《解放軍報》上的一篇題為〈人民戰爭勝利萬歲〉的文章中，林彪把毛澤東的「農村包圍城市」理論延伸到了國際關係上：「從全世界範圍看問題，如果説北美、西歐是『世界的城市』，那麼，亞洲、非洲、拉丁美洲就是『世界的農村』……今天的世界革命，從某種意義上説，也是一種農村包圍城市的形勢……社會主義國家理應把支持亞洲、非洲、拉丁美洲的人民革命鬥爭當成自己的國際主義責任。」中國也確實履行了自己的「國際主義責任」，這特別集中地體現在中國對世界各地（特別是非洲）革命運動的援助上。根據統計，雖然 1962 年中國財政極為困難，但中國對外援助較 1961 年的 1,900 萬元人民幣猛增到 3.35 億元，佔了該年財政支出的 2.79%。[23] 此後中國對外援助額度和佔財政支出比例不斷飆升，

---

23　蔣華杰：〈國際冷戰、革命外交與對外援助 —— 中國對非援助政策形成的再考察〉，載《外交評論》2016 年第 5 期，第 81-108 頁。

1965 年更是達到了 18 億元，佔財政開支的 3.85%。非洲僅在 1956 年到 1979 年間就接納了總額 62.8 億到 72.5 億元的援助。從 1949 年到 1979 年，中國政府對外援助財政支出共 483.04 億元，佔年均國家財政總支出的 3.5%，遠高於美蘇兩國。按照歷史學者蔣華杰的說法，革命的援助達到了「窮國支援富國」的地步。[24] 但這種「好意」並沒有得到其他國家的「讚賞」。根據統計，當時與中國建交的四十多個國家中，中國與其中三十多個都發生了外交糾紛。1966 年至 1969 年期間，全世界只有也門共和國一個國家與中國有正式外交關係。[25] 1969 年 3 月中共九大召開，加強了左傾主義者在黨內的地位，使「文革」的階級鬥爭理論和實踐進一步合法化。

正當所有人在猜測「文革」禍亂會將如何收場時，中國外交竟因中蘇衝突迎來了意外契機。1969 年 3 月，中蘇兩軍在烏蘇里江與西伯利亞邊境的珍寶島發生武裝衝突，戰鬥以中方勝利告終。該事件後，蘇聯揚言要對中國採取報復，加大了在新疆對中國的軍事壓力。蘇聯的強硬派軍官主張對華實施核打擊；中方則在全國範圍內展開了大規模人防工程。珍寶島事件儼然成了繼古巴導彈危機後的另一個核戰爭危機。中蘇之間的緊張態勢吸引了美國總統尼克遜的注意。當時美國深陷越戰泥沼，國際道義地位下降，國內也在爆發反戰社會運動。內憂外

---

24　同上，第 82 頁。

25　張歷歷：《當代中國外交簡史》，上海人民出版社 2018 年版，第 120 頁。

患之下，尼克遜需要開啟美國外交新思路。1969 年 1 月上任的尼克遜早在一年前就在《外交》雜誌上發表文章，表示希望與中國接觸。[26] 他在外交上的參謀，國務卿亨利‧基辛格以地緣政治為出發點考慮外交，極力支持尼克遜轉變對華立場。1970年 7 月，美國國務院主動宣佈放寬對華貿易和美國公民赴華旅行的限制；在 8 月的國家安全委員會的會議上，尼克遜一反美國外交的傳統，提出蘇聯對美國威脅更大，如果中國在可能發生的中蘇戰爭中敗陣下來，美國會更危險。20 年沒有交往的中美走在了地緣政治戰略的交匯點上：中國此時需要美國制衡蘇聯，而美國則放下了對中國在意識形態上的敵視。

1970 年代，中國外交進入了對美和解的新階段。這一過程並非一帆風順。單從地緣政治的角度看，兩國關係緩和的動機很強。但中國領導人面臨着一個意識形態困境：如何在保持「反帝反修」原則的同時，與世界上最大的帝國主義國家交往？尼克遜也面臨着類似的問題：他怎樣才能正當地與共產黨和解？中美處於兩個不同的國際社會，彼此間的外交緩和不得不從非正式渠道展開。1971 年 3 月至 4 月，日本名古屋舉行了第 31屆世界乒乓球錦標賽，中美乒乓球隊在比賽後達成了互相訪問的協議，造成了國際轟動，被媒體稱為「乒乓外交」，為之後1972 年的尼克遜訪華奠定了適宜的輿論氛圍。此後，基辛格

---

26　"American President: Richard Milhous Nixon (1913-1994), Foreign Affairs". Miller
　　Center for Public Affairs, University of Virginia. Archived from the original on
　　August 11, 2011. Retrieved July 17, 2011.

兩度秘密訪華，向毛澤東傳遞了美國想要與中國和解的信號。1972 年 2 月，尼克遜訪華，與毛澤東會談。2 月 28 日，中美雙方簽署《中美聯合公報》，其中聲明：「中美兩國的社會制度和對外政策有着本質的區別。但是，雙方同意，各國不論社會制度如何，都應根據尊重各國主權和領土完整、不侵犯別國、不干涉別國內政、平等互利、和平共處的原則來處理國與國之間的關係。國際爭端應在此基礎上予以解決，而不訴諸武力和武力威脅。美國和中華人民共和國準備在它們的相互關係中實行這些原則。」[27]

該公報標誌着中美兩國從敵對走向了緩和。雖然中國官方在《中美聯合公報》中依然強調中國對世界革命的支持（「國家要獨立，民族要解放，人民要革命，已成為不可抗拒的歷史潮流」），但毛澤東的革命外交思想已經發生了動搖。1974 年 2 月 22 日，毛澤東在與贊比亞總統卡翁達（Kenneth Kaunda）會面時提出了「三個世界」觀點。他認為，美國、蘇聯是第一世界，歐洲、日本和加拿大是第二世界，「咱們是第三世界」。後來在 1974 年 4 月 10 日的聯合國大會上，鄧小平把這一思想理論化。根據鄧小平，毛澤東的觀點是：「美國、蘇聯是第一世界。亞非拉發展中國家和其他地區的發展中國家，是第三世界。處於這

---

27　中華人民共和國駐美利堅合眾國大使館，中華人民共和國和美利堅合眾國聯合公報（1982 年 8 月 17 日發表），http://www.china-embassy.org/chn/zmgx/zywj/lhgb/t705073.htm。

兩者之間的發達國家是第二世界……」[28] 表面上看，「三個世界」理論似乎依然是革命外交的一個變種，但從毛澤東的表述可以看出，他已經開始在用經濟實力，而非政治意識形態來劃分世界各國陣營了：美蘇意識形態截然不同，卻被定義為同一集團；第二和第三世界國家則是根據發展程度劃分的。我們無從得知，當時毛澤東是否終於放下了革命外交的理想。但可以確定的是，他晚年的外交思想已經悄然地從革命轉向了發展與和平。這不僅是因為中美雙邊關係的緩和，也是因為中國終於決定回歸國際社會了。1971 年 10 月 25 日，聯合國投票通過決議，正式承認中華人民共和國為聯合國會員國。這時候再提世界革命顯然已不合時宜。1974 年 12 月，毛澤東在與周恩來、王洪文等人談國際局勢時提到：「現在可以不提當前世界主要傾向是革命。」[29]

革命外交是中國外交史上比較罕見的現象，其底層思想是「統一戰線」理論。「統一戰線」理論最早由恩格斯提出，後來被列寧發展。「統一戰線」本身並非外交理論，而是一種以階級鬥爭為核心的政治策略，旨在通過以樹立共同政治目標和政治敵人的方式來聯合各個階級、團結各社會力量，達到實現世界革命的目的。[30] 根據這一理論，任何敵對勢力都可以被劃分

---

28　《人民日報》，1974 年 4 月 12 日，第 4 頁。

29　徐達深主編：《中華人民共和國實錄》，第三卷（下），吉林人民出版社 1994 年版，第 1159-1160 頁。

30　James David Armstrong and John D. Armstrong, *Revolutionary Diplomacy: Chinese Foreign Policy and the United Front Doctrine*, University of California Press, 1977, p.13.

為三個派別：支持革命的派別、中間派別以及反革命派別。在革命鬥爭中，共產黨要吸引支持革命的派別加入，讓中間派別保持中立，使反革命派別孤立，最終瓦解敵對勢力。這一理論之所以在後來中國外交中佔有重要地位，源於中國共產黨在國內的革命經驗。新中國成立以前，中國共產黨相對於國民黨，無論在國際承認、武器裝備還是經濟援助上都處於絕對劣勢。中國共產黨能在這樣的苦境下取得勝利，關鍵在於土地改革，而土地改革的成功又源於對階級鬥爭思想的實踐。中國是一個農業國家。前清政府和國民政府最多只能依靠鄉紳和地方政府間接地控制農村。相比之下，共產黨通過土地改革，首次建立了一個對中國農民直接地實施治理和動員的政權。統一戰線理論把人類關係化約為階級鬥爭。在土改進程中，共產黨以強化地主與貧農間的階級矛盾的方式，把地主與貧農之間數千年來建立起的人情紐帶打碎，顛覆了傳統農村的生產和人際關係。[31]在傳統農村人際關係斷裂後，共產黨重新組織農村社會關係，使黨和農民建立了有機的政治命運共同體，使得國家得以把政治權力深深地根植在中國農村廣袤的土地上。毛澤東在 1939年 10 月總結革命鬥爭經驗時說：「統一戰線、武裝鬥爭、黨的建設，是中國共產黨在中國革命中戰勝敵人的三大法寶。」[32]在抗戰中戰勝了日軍、在內戰中戰勝了國民黨後，第一代共產黨

---

31　土地改革是一個過激而暴力的過程。關於其中的一些細節，參見：楊奎松：《中華人民共和國建國史研究 1》，江西人民出版社 2015 年第二版，第 62、 151 頁。

32　毛澤東：《〈共產黨人〉發刊詞》，1939 年 10 月 4 日。

人對統一戰線的信心演化成了信念。[33] 統一戰線這一「法寶」在新中國成立後被延伸到中國外交領域。但在 1956 年至 1978 年發生的種種事實證明，階級鬥爭給中國帶來的是國際孤立。國際關係有自己的運作邏輯，階級鬥爭哲學與國際社會的價值觀並不適配，甚至可以說是格格不入。

1976 年 9 月 18 日，毛澤東逝世，「文革」宣告結束。1978 年 12 月中共十一屆三中全會召開，中共中央形成了以鄧小平為核心的第二代領導集團，在政治上「撥亂反正」，在經濟上實施改革開放，結束了近 30 年對世界經濟封閉的狀態。第二年，中國與美國正式建交，美國同時宣佈與台灣當局斷交。1981 年 6 月，中共十一屆六中全會選舉胡耀邦接替華國鋒出任中央委員會主席，並通過了《關於建國以來黨的若干歷史問題的決議》（簡稱《歷史決議》）。《歷史決議》全盤否定了「文革」，認為其「使黨、國家和人民遭到建國以來最嚴重的挫折和損失」；認為「階級鬥爭已不再是主要矛盾」；並重申，中國在國際關係上，將「始終不渝地奉行社會主義的獨立自主的外交方針，倡導和堅持和平共處五項原則」。起草《歷史決議》的胡喬木在 1980 年 3 月 15 日的一次談話中，也強調不應再把毛澤東思想國際化：「我們不要講毛澤東提的那些適用於國外，這個沒有意思，我們只講我們自己的。」[34]

---

33　Lyman P. Van Slyke, "The United Front in China," *Journal of Contemporary History*, Vol.5, No.3, 1970, pp.127-128.

34　胡喬木：《胡喬木文集》，人民出版社 1994 年，第 134 頁。

改革開放成為「中國崛起」的轉折點。1978年後，中國開始對外開放，經濟上進一步嵌入世界貿易和分工體系，成為「世界工廠」。1983年鄧小平給景山學校題字：「面向現代化，面向世界，面向未來」。有學者認為，鄧小平的題字不僅是為教育而寫，而是整個中國對外政策調整的標誌：「鄧小平向世界打開的大門，是一個完整的『世界』，而不是一個局部的『世界』，以人們更熟悉的詞彙就是『全球化』。」[35] 改革開放後，中國的社會主義市場經濟得到發展，截至2018年，全國有7.4億人脫貧。[36] 1989年的政治風波給中國與國際社會的關係帶來了很強的震盪，國內也出現反對改革開放的聲音。這時候鄧小平站了出來。1992年，他在南方談話中說道：「不發展經濟，不改善人民生活，只能是死路一條。基本路線要管一百年，動搖不得。只有堅持這條路線，人民才會相信你，擁護你。誰要改變三中全會以來的路線、方針、政策，老百姓不答應，誰就會被打倒。」這番講話穩固了改革開放的道路。在1997年至1998年亞洲金融危機這段時期，中國首次成為穩定世界經濟增長的堡壘。1997年任副總理的朱鎔基說：「現在可以說是中國有史以來與世界交往、聯繫最密切的時期。」2001年，中國加入世界

---

35　任劍濤：〈道義理想主義：中國外交的政治邏輯〉，載《黨政研究》，2020年第2期，第7頁。

36　〈扶貧開發成就舉世矚目　脫貧攻堅取得決定性進展 —— 改革開放40年經濟社會發展成就系列報告之五〉，國家統計局，2018年9月3日，http://www.stats.gov.cn/ztjc/ztfx/ggkf40n/201809/t20180903_1620407.html。

貿易組織；2008 年，中國舉辦奧運會。加入世貿後，中國通過出口和密集勞動產業創造非凡的經濟增長率。2010 年，中國國民生產總值超過日本，成為世界第二大經濟體。雖然中國在生產總值、人均收入、教育、文化和科技方面還是落後於美國和西方發達國家，但中國儼然已經成為世界上最強大的發展中國家。在經歷了漫長的試錯後，中國外交走上正軌，以和平與發展為出發點，再次回歸國際社會。

## 第三部分

改革開放後的
中國外交：1978-2020

在上一部分，我們從世界秩序的視角對中國外交史進行了梳理。我們認為，中國外交模式的發展，是一個中國在近代全球化進程中與西方主導的世界秩序發生碰撞、接軌和交流的過程。從晚清到共和國初期，中國外交最核心的課題，是如何幫助中國融入世界經濟秩序（世界體系）和世界政治秩序（國際社會），為中國的發展與現代化服務。我們討論了晚清、民國和共和國初期三個歷史時期，每一個歷史時期都有其特徵：從古代到近代（1911 年以前），中國在西方的衝擊下被動捲入世界體系，最終不得不摒棄固有的天下思想，以邊緣國家的身份融入國際社會；從中華民國建立到國共內戰結束（1912 年至 1949 年），中國外交的課題，是適應「凡爾賽 - 華盛頓體系」，建立現代民族國家政權，以抵抗西方殖民帝國，特別是日本帝國對中國現代化進程的阻礙與侵蝕；從新中國建立至毛澤東逝世（1949 年至 1976 年），中國外交的主要戰略目標是在美蘇爭霸的兩極格局中求生存。1978 年中國改革開放後，中國外交以發展為首要目標，加速融入世界秩序。

本部分要敍述的，就是這一歷史過程，它被分為兩大部分：鄧小平時期（1978 年至 1992 年）；江澤民時期（1992 年至 2003 年）；胡錦濤時期（2003 年至 2012 年）；以及習近平時期（2012 年至今）。

（一）**鄧小平時期**。鄧小平領導下的改革開放時期，是中國外交重新融入國際社會的重要階段。期間，中國外交的重點，從「戰爭與和平」轉換到了「和平與發展」，着力於與西方發達

國家和國際組織合作，獲取並學習中國發展所必需的資本與技術，推進現代化。1989 年的政治風波及 1991 年的蘇聯解體，給中國進一步融入國際社會的進程帶來了挑戰。但鄧小平在 1992 年發表南方談話，穩定了中國改革開放的方向，奠定了後來中國外交走向現代化的發展道路。

（二）**江澤民時期**。江澤民領導下的第三代領導人，在外交上延續了鄧小平「韜光養晦」的戰略思維，並進一步深化內部改革，加深中國融入世界經濟秩序的程度。在這段時期，中國外交主要的危機，是如何處理中美關係惡化下的台灣問題和貿易問題。中國一方面通過領袖外交，戰略性地修補了中美在台灣問題上的隔閡，另一方面理性地着眼於長遠目標，以適當的讓步為代價，成功地完成了與美國的世貿雙邊談判，並於 2001 年成為世貿成員國。

（三）**胡錦濤時期**。在胡錦濤時期，中國在夯實經濟發展的同時，尋找自身定位並定義自己的國際責任。特別是在 2008 年金融危機之後，中國外交戰略逐步從以發展為重心的「韜光養晦」，轉向「有所作為」，更加注重中國對國際責任的承擔，並開始嘗試提出中國對維護和塑造世界秩序的構想。但中國外交範式的轉變，更多是被動的、反應式的。中國的國際責任定位，在此時期依然處於探索階段。

（四）**習近平時期**。在習近平時期，中國成為世界第二大經濟體，開始更加主動地定義自身的國際責任和國際議程，發展出了三種外交戰略思想和政策工具，用於管理中國與世界秩

序的互動關係：第一，構建新型大國關係，規避「修昔底德陷阱」；第二，實施「周邊外交」戰略，讓中國「重回亞洲」；第三，通過「一帶一路」倡議，為國際社會提供公共產品，維護既有全球化經貿秩序的穩定，補充現有世界秩序的不足。

在首兩個時期中，中國外交完成了兩個關鍵性任務。第一，鄧小平使中國外交實現了去意識形態化。促進和平和發展，成為了中國外交的核心戰略目標。第二，江澤民使中國實現了與世界秩序的初步接軌。在中國加入世貿後，中國至少在名義上已經成為了所有支柱性國際組織的成員國家，其中包括國際貨幣基金組織、世界銀行和世界貿易組織。

但中國外交並非一帆風順。隨着中國在世界秩序中的地位不斷提升，「韜光養晦」戰略也日益顯示出了主動性缺失的局限性。胡錦濤時期是中國從世界秩序的參與者轉變為維護者的轉換時期。中國既經歷了快速的發展，也與美國就中國的國際責任進行了激烈的交鋒。

中國的外交在習近平時代進入了新時期。在新時期，中國外交面臨的主要問題，已不再是「如何融入世界秩序」，而是「如何維護和改革世界秩序」。中國外交需要回應：中國應該承擔怎樣的國際責任，才能創造一個有利於多方共贏、可持續的國際政治經濟秩序？中國怎樣避免陷入與美國發生冷戰的同時，維護世界秩序的穩定？

1978 年以來的外交史，是中國通過改革開放與世界秩序接軌的過程。隨着中國進入世界體系半邊緣區域，世界秩序的

重塑將進一步加劇。如今中國面臨着與美國等國際社會核心國家發生冷戰的危機。2020 年的新冠疫情使世界進入了「有限全球化」時代；美國的拜登政府也宣佈與中國展開大國競爭。在這樣的情況下，中國不應僅考慮擴大貿易投資和提升科技上，而必須思考如何進行制度創新，進一步提高與世界體系的兼容性。中國已經處於經濟崛起的階段。如何幫助中國實現制度崛起，將是中國外交下一個十年的核心課題。

第七章

# 鄧小平外交：
# 告別革命，「韜光養晦」

幾乎所有國家在外交上的變革都從本地政治開始，中國的也不例外。新中國建立後，對中國外交產生最深遠影響的人物無疑是毛澤東和他的革命外交理念。歷史證明，這一思想雖然在是國內鬥爭的「法寶」，但卻與國際政治的現實格格不入。隨着周恩來、鄧小平為代表的中間派在「大躍進」以後失勢，左傾分子利用了毛澤東的錯誤，在黨內鬥爭中取得上風，控制了中國的外交權，使中國外交一度陷入了被國際社會孤立的混亂局面。雖然中國在 1970 年代初，實現了與美國的接觸（1971 年）、重新加入聯合國（1971 年）以及中日邦交正常化（1972 年），但這些與國際社會的接觸，主要是為了與美國共同對抗蘇聯而被動促成的。中國與世界經濟秩序的融合程度也非常低。毛澤東

對世界格局的把握依然是「戰爭與和平」，階級鬥爭依然是中國政治生活的主題，中國依然將自身定位為世界革命的中心。

這一局面在 1976 年，也就是周恩來和毛澤東相繼逝世後，開始有所扭轉。當周恩來於 1976 年 1 月 8 日病逝後，其遺體處理問題釀成了一場政治風波。「四人幫」下令對周恩來的葬禮低調處理。但當運送周恩來遺體的車隊駛過長安街時，大量羣眾自發湧上街頭圍堵車輛，表達對周恩來的悼念及對左傾分子的不滿（描寫這一幕的文章後來成為了中國小學語文教材中的一篇課文）。由周恩來去世引發的政治風波此後持續發酵，在同年 4 月 5 日的清明節達到高潮。當日，許多人民羣眾通過追憶和紀念周恩來的方式，公開表達對「四人幫」的批判。「四人幫」在派出軍警驅散示威活動後，把罪名安在了鄧小平頭上，並在《人民日報》的社論中批判鄧小平的修正主義和資產階級傾向：「只要有鄧小平這樣的走資派存在，社會上的牛鬼蛇神就會同他們勾結起來，興風作浪。革命人民必須保持高度警惕，決不能鬆懈自己的鬥志。」[1] 當時的中國還沒有完全從文革的餘溫中冷靜下來。

但鄧小平很快迎來了轉機。1976 年 9 月 9 日，毛澤東逝世。在黨內出現權力真空的情形下，華國鋒等領導人拘捕了「四人幫」，結束了「文革」。1977 年 7 月 17 日，十屆三中全會通過決議，恢復了鄧小平中共中央副主席、政治局常務委員、國務院副總理、中共中央軍委副主席、解放軍總參謀長之職。

---

1　《人民日報》，1976 年 4 月 15 日。

鄧小平曾在毛澤東和周恩來的指導下，在 1973 年中至 1975 年末，承擔過許多重要外交事務。當鄧小平重返工作崗位時，中共中央政治局決定讓他承擔起了主持中國外交的重要工作。此後，鄧小平開始着手把自己的政治理念付諸實行，讓中國的外交工作告別革命與意識形態，回到更為務實、注重發展和與世界接軌的路線。

鄧小平重新執掌中國外交後，主要面臨着三大問題，第一個是安全，第二個是發展，第三個是主權。首先，蘇聯在中國邊境陳兵，給中國造成的安全威脅不容小覷。在美國從越南撤軍後，蘇聯乘虛而入，欲將越南變成蘇聯在東南亞的代理國。[2]當鄧小平在 1977 年重返工作崗位後，越南已經加入了蘇聯主導的經濟互助委員會（COMECON）。隨着蘇聯給予越南的軍事援助越來越多，越南逐步謀求借蘇聯的力量成為東南亞的區域霸權，成了中國的「古巴」，給中國西南部帶來了嚴重的軍事威脅。其次，由於「文革」期間中國經濟極度封閉，中國在 1977 年時，國民經濟近乎崩潰，極度需要返回正常的經濟發展軌道。當時中國人口高達 9.3 億，但國民生產總值僅佔全世界的 1%，而國際貿易份額僅佔全球的 0.6%。[3]最後，當時中國對於香港

---

2　參見：Robert Ross, *The Indochina Tangle: China's Vietnam Policy, 1975-1979*, Columbia University Press, 1988。

3　〈對外經貿開啟新征程　全面開放構建新格局，新中國成立 70 週年經濟社會發展成就系列報告之二十二〉，國家統計局，2019 年 8 月 20 日，http://www.theorychina.org/chinatoday_2483/statdata/201908/t20190829_367601.shtml。

地區、澳門地區和台灣地區的主權還沒有收回。其中,國民黨政權不僅是對大陸的安全與領土主權的致命威脅,同時還對中華人民共和國作為中國唯一政權的合法性形成了挑戰。主政中國外交,對於當時任何一個政治家而言,都是一項艱巨的任務。

鄧小平非常巧妙地發揮了他的務實主義和政治創造力,並借助「改革開放」政策所帶來的國內意識形態轉變,把上述三個問題都引導到了長期有利於中國的方向上加以解決。首先,在國內政治中,鄧小平成功地解除了黨內長期以來形成的「左傾」意識形態。華國鋒在擔任國家主席後,提出了「兩個凡是」方針,並希望在經濟上走蘇聯道路。鄧小平並不支持華國鋒的計劃經濟路線。事實上,早在 1957 年的時候,鄧小平就提出,「要學習世界上一切先進的經驗,世界各國,包括美國在內」。[4] 同樣,1975 年的時候,在主管工業的書記會議上,鄧小平也強調,不能只抓革命,不抓生產。[5]「文革」後的中國百廢待興,應該把重點放在經濟建設和工業化上,不能再把自己的經濟潛力禁錮在「文革」思想的牢籠裏。於是,在 1977 年 5 月 24 日,鄧小平就在黨內講話中提出,「兩個凡是」不符合馬克思主義;中國應該向日本的明治維新學習,注重教育、科技和知識。[6] 隨後,中國領導層果然表現出了日本明治維新的氣象:1978 年 5 月至 6 月,谷牧副總理率領二十多名主要負責經濟的中央和地

---

4　鄧小平:《鄧小平文選》(第一卷),人民出版社 2006 年版,第 264 頁。

5　鄧小平:《鄧小平文選》(第二卷),人民出版社 2006 年版,第 4 頁。

6　同上,第 38 頁。

方幹部，赴法國、瑞士、比利時、丹麥、聯邦德國五個西歐國家進行考察，參觀了西德的煤礦、瑞士的水力發電站、法國的高速公路，切身地感受到了中國和西方在發展上的巨大差距。[7]當時，中國連一公里的高速公路都沒有。

　　谷牧等幹部回國後，在 1978 年 6 月 30 日的山東省幹部大會上詳細地為中共中央政治局做了彙報，建議應該研究採用西歐的先進經驗，加速中國的現代化建設。[8]谷牧代表團的經驗，一方面讓中國領導層打開了國際視野，另一方面，也為鄧小平在黨內調整意識形態風向的工作提供了有力的支持。同年，7月上旬，在鄧小平的指示下，國務院召開務虛會，在決策層達成了引進開放、加速經濟發展的集體共識。1978 年 12 月 13日，鄧小平在十一屆三中全會上發表了題為〈解放思想，實事求是，團結一致向前看〉的講話，前所未有地把清除左傾意識形態的重要性提升到了危及民族存亡的高度：「一個黨、一個國家、一個民族，如果一切從本本出發，思想僵化，迷信盛行，那它就不能前進，它的生機就要停止了，就要亡黨亡國。」[9]這一講話具有歷史重要性。講話中，鄧小平以務實主義（「實踐是檢驗真理的唯一準則」）取代了對毛澤東的個人崇拜；進一步鞏固了決策層有關改革開放的集體共識；重新施行了黨內民主。同時，鄧小平以自身的權威為改革派和支持改革的幹部提供背

---

7　　谷牧：〈對外開放前的醞釀討論〉，載《共產黨員》2009 年第 6 期，第 48 頁。

8　　同上。

9　　同上，第 143 頁。

書，讓他們在接下來的工作中可以免受「左傾」力量的阻擾和戕
害。鄧小平建立了黨內的領導核心地位，其代表的改革派在黨
內成功地壓倒了殘餘的「左傾」勢力，為推動中國與國際社會和
世界秩序的接軌奠定了堅實的黨內共識和內部政治基礎。

然而此刻，蘇聯在中國西南帶來的威脅尚未平定。1971
年尼克遜訪華後，中美蘇三國之間形成了三角關係，使得中國
可以暫時借助美國對抗蘇聯。但隨着美蘇關係的緩和，中國作
為美蘇爭奪對象的相對優勢愈發有限。新上任的總統吉米‧卡
特（Jimmy Carter）判斷美蘇關係緩和，並在與蘇聯進行《戰略
武器限制談判》（Strategic Arms Limitation Talks；簡稱 SALT），
無意此時為幫助中國而惹怒蘇聯。對蘇聯採取行動，中國只能
自己動手。

雖然美國無法給中國任何實質支持，但鄧小平成功地借助
了改革開放後世界對中國的關注，在國際輿論場上塑造了對中
國有利的心理優勢。1978 年 8 月 12 日，《中日和平友好條約》
在北京人民大會堂正式簽署；其中，被稱為「反霸條款」的第
二條規定，中日雙方反對任何國家在亞太建立霸權。[10] 此條款
意在對蘇聯施加外交壓力。隨後，鄧小平開始了一系列的對外
國事訪問，進一步加強對蘇聯營造的國際輿論壓力：1978 年 9
月 8 日至 13 日，鄧小平訪問朝鮮，金日成答應朝鮮不與蘇聯一

---

10 《中日和平友好條約》，中國外交部，1978 年 8 月 12 日，https://www.fmprc.gov.cn/
web/gjhdq_676201/gj_676203/yz_676205/1206_676836/1207_676848/t1580467.
shtml。

同「圍堵」中國；11月5日至15日，鄧小平先後造訪了泰國、馬來西亞和新加坡，在考察亞洲國家發展狀況的同時，勸說它們在接下來的中越戰爭中保持中立，並請新加坡總理李光耀為他向美方轉告中國對越南入侵柬埔寨的嚴重關切。[11]

隨後，在1979年1月28日至2月5日，鄧小平對美國進行國事訪問。在白宮的橢圓形辦公室裏，鄧小平告訴卡特，如果中國不對越南採取行動，蘇聯將會「像利用古巴那樣利用越南」。卡特沒有支持鄧小平的說法，但也沒有明確表示反對。在鄧小平離開白宮後，開始有美國官員公開表達擔憂，懷疑蘇聯會把越南的金蘭灣作為蘇軍軍港。[12]這意味着，卡特已經和鄧小平在越南問題上達成了某種程度上的默契：中國將對越南進行有限軍事打擊，打亂蘇聯在東南亞的陣腳；美國則利用蘇聯對美國的忌憚，為中國的軍事行動提供心理掩護。事實證明，鄧小平的戰略是奏效的。2月17日，中國軍隊對越南北部城市展開進攻，有計劃地摧毀了越南北部的軍政設施，並於3月6日迅速宣佈撤退。蘇聯除了發表對越南的口頭支持外，並沒有予以還擊。中國「摸了老虎屁股」，成功地證明了蘇聯缺乏為其在東南亞盟友提供支持的絕心和實力。這一戰役，有效地遏制了蘇聯在東南亞的擴張。

11　Ezra Vogel, *Deng Xiaoping and the transformation of China*, Belknap Press of Harvard University Press, 2018, pp.280-291.

12　Jimmy Carter, *Keeping Faith: Memoirs of a President*, University of Arkansas Press, 1995, pp.211-214

鄧小平在 1979 年主動與美國接觸的另一個戰略目標，是完成中美邦交正常化。這項工作一方面有助於中美解決台灣問題，另一方面有利於實現中國重新融入國際社會、進入全球化市場的長期戰略目標。

　　台灣問題始終是阻礙中美關係正常化的最大障礙。中方的談判原則是：第一，美國應承並履行的「三原則」，即斷交、撤軍、廢約；第二，美國可以在台灣建立民間機構，但不應繼續向台灣出售武器；第三，解放台灣是中國內政，他國無權干涉。[13] 美國的態度則十分曖昧。美國自 1970 年開始陷入了的經濟滯漲，實體經濟缺乏增長點，大量企業倒閉、工人失業。因此，從經濟層面而言，卡特非常希望能夠借助進入中國市場的機會，打開美國的經濟局面。但在美國國會中，支持台灣的聲勢更強烈。這既是為了維護美國民主意識形態在全球的傳播，也是為了日後利用台灣制衡中國或其他可能在亞太出現的對手國。

　　美國雖然接受了中方提出的「三原則」，但在對台售武問題上卻不願作出讓步。1978 年 12 月 13 日至 15 日，鄧小平親自出面與美國駐華聯絡處主任倫納德・伍德科克（Leonard Woodcock）進行了三次會談。但雙方依然沒有在對台售武問題上達成諒解。中美關係正常化是否會陷入僵局？雙方都感受了強烈的壓力。對於卡特而言，突破國內對於民主意識形態的執

---

13　田增佩：《改革開放以來的中國外交》，世界知識出版社 1993 年版，第 383 頁。

着，並與一個社會主義國家建交，着實並非易事。鄧小平也深知，如果此次不能乘改革開放的東風，實現中美建交，中國現代化的步伐將遭到嚴重阻礙。[14] 最後，考慮到美國在《中美建交聯合公告》中「承認中華人民共和國是中國的唯一合法政府」，鄧小平在美國對台售武問題上作出了妥協。

鄧小平的決斷並非是不合理的。對於中國而言，當務之急是與世界上最大的資本主義國家建交，使中國在外交工作上實現去意識形態化，推進中國回歸國際社會和世界體系。而且，即使美國真的答應了不對台灣售武，美國依然可以以各種創造性的方式間接支持台灣，比如為台灣武器更新升級，對台灣贈予（而非售賣）武器，或是對台灣派出軍事技術人員等。剛向世界敞開的中國，不能在對台售武問題上捨本逐末。次佳的權宜安排往往比最佳的解決方案來得實在。

但這也意味着台灣問題懸而未決。1979 年 1 月 1 日中美建交後，美國國會於 3 月 26 日旋即通過了《與台灣關係法》，宣佈美國將繼續保持與台灣之間在經濟和安全上的緊密聯繫。中方表示強烈不滿。1979 年，美國國防部向台灣交付了價值高達 8 億美元的武器，並在 1980 年 1 月 3 日宣佈向台灣增售 2.8億美元武器，其中包括 FX 高性能戰機。鄧小平此時指示：要同美國展開鬥爭，但鬥爭要講策略，注意方法。[15] 美國出於地

---

14　參見：于洪軍：〈鄧小平處理中美關係的戰略思維與外交技巧〉，載《冷戰國際史研究》2018 年第 2 期。

15　李肇星：《李肇星外交回憶錄》，中信出版社 2013 年版，第 7 頁。

緣政治的考慮，不會放棄台灣，也幾乎不可能在對台售武方面讓步。因此，如果要保證中美關係正常的同時促進祖國統一，中國很難迫使美國在一個外交文件上把台灣問題定死。中國必須與美國在台灣問題上展開長期的博弈，在台灣海峽與美國形成長期有利於兩岸統一的動態平衡。1980 年，共和黨候選人列根發表了支持台灣、損害中美關係的言論。當列根的競選搭檔布殊訪華時，鄧小平奇請他向列根轉達了中方對美國對台售武問題的基本觀點：「如果共和黨競選綱領中對中國政策部分（其中包括對台灣的政策）和列根先生最近發表的有關言論，真的付諸實施的話，這只能導致中美關係的後退。如果以為中國有求於美國，以致一旦共和黨競選綱領中的對華政策和列根先生發表的有關言論成為美國政府政策從而付諸實行，中國也只好吞下，別無選擇，那完全是妄想。」[16]

美國的外交政策一直游蕩在理想主義與現實主義之間。前者執着於在全球傳播自由民主主義的意識形態，後者則更注重美國的經濟利益和地緣政治安全。[17] 鄧小平的嚴厲措辭，恰如其分地撬動了白宮裏的現實主義者，其中包括國務卿亞歷山大·梅格思·黑格（Alexander Megris Haig）。與曾是演員的列根不同，黑格曾任美國駐歐洲武裝部隊總司令，更關切蘇聯在全球範圍的擴張。如果說列根更想要保衛民主價值觀的話，

---

16　中共中央文獻研究室編：《鄧小平思想年譜（1975-1997）》，中央文獻出版社 1998 年版，第 166-167 頁。

17　亨利·基辛格：《論中國》，中信出版社 2012 年版。

那麼黑格則更擔心中國會因台灣問題再次倒向蘇聯。鄧小平和黑格都知道，後者對中美兩國而言將會是一個雙輸局面。為解決這一危機，黑格在 1981 年 6 月開始訪華，與黃華外長商討對台售武問題。[18] 但艱苦的談判過程並沒有產生成果：中方要求美方對台售武應設置最後期限；美方雖然同意逐步減少售台武器，但是不同意設置最後期限。1981 年 10 月 21 日，黃華向黑格提出外交通牒：如果美國拒絕就美國停止對台售武的具體日程，那麼中美關係只有降格。[19] 談判再次啟動後，雙方依然因是否設置對台售武的最後期限一事而陷入僵局。但雙方都不希望談判破裂。美國人雖然不想犧牲台灣的安全，但似乎更不想失去中國大陸的市場；中方也明白，保持中美關係發展對於推動改革開放的重要性。經過了接近 10 個月後，雙方終於達成了《八·一七公報》，其中，美國承諾：「不尋求執行一項長期向台灣出售武器的政策，它向台灣出售的武器在性能和數量上將不超過中美建交後近幾年供應的水平，它準備逐步減少它對台灣的武器出售，並經過一段時間導致最後的解決。在作這樣的聲明時，美國承認中國關於徹底解決這一問題的一貫立場。」[20]

---

18　Bernard Gwertzman, "Haig in China: Gain for U.S.: New Analysis", *New York Times*, June 18, 1981.

19　陶文釗：《中美關係史》，人民出版社 2004 年版，第 121 頁。

20　U.S.-PRC Joint Communique, August 17, 1982, Central Intelligence Agency, https://www.cia.gov/library/readingroom/document/cia-rdp83b00551r000200010003-4.

《八·一七公報》相當地模棱兩可。很難説華盛頓有切實履行其在公報中許下的承諾。事實上，美國截至 2020 年，已經對台售武超過 132 億美元。雖説美國後來每年的對台售武金額的確沒有超過卡特在 1980 年的水平，但那主要是因為，當年美國對台售武的金額，創下了達到歷史新高的 8 億美元。此後，中國對此抗議美國不遵守承諾，而美國則以兩岸軍力不平衡為由拒絕中方的抗議。但客觀地説，《八·一七公報》發揮了它的作用：讓中美關係渡過了建交後最嚴重的危機，幫助兩國把雙邊關係引導至以經貿關係為主的新階段。中美建交的危機處理，也體現了鄧小平外交的現代性：突破意識形態的桎梏，尋找雙方的共同利益，在不得已的情況下適當讓步，用長遠的眼光看國際關係，保持耐心，永遠守住國家利益的底線。

與美國等發達國家的科技及教育合作是鄧小平的另一着眼點。和李鴻章一樣，鄧小平深知中國的現代化需要更多的科技和文化人才，而留學生在其中的作用非常關鍵。在中國近代史上，留學生受到的待遇並不好。洋務運動時期的留學生，很多回國後受到奚落和歧視；新中國建國後，部分留學生在「文革」期間也遭受左傾分子迫害；「文革」十年間，中國海外留學生只有 337 人，中國科技和文化人才出現嚴重斷檔的局面。此時，鄧小平再次以自身的政治威望作為擔保，大力推動了改革開放後的國際教育交流事業。1978 年 6 月，中共中央在黃山召開了中國教育改革會議，會上，北大校長周培源等改革派提出了向國外派遣留學生的建議，但是遭到了保守派（「凡是派」）的反對，後者

擔心留學生會「滯留不歸」。鄧小平則明確表態，支持改革派：「即使派出的留學生有一半不回來，還有一半回來可以搞四化建設，也比不派、少派要好得多嘛。怕負不了責，我負責！」[21]

　　1978 年 7 月，美國總統科學顧問普雷斯訪華時提出，中國可以向美國派出 50 名留學生。中方的回覆讓他吃了一驚：中國將打算派出留學生 500 名，且費用由中方承擔。[22] 10 月，雙方簽署了《教育交流諒解備忘錄》，該備忘錄後來被納入了 1979 年 1 月簽署的《科技合作協定》。1980-81 學年，中國有超過 2,770 名學生赴美留學；1985 年，中國放寬自費留學的管理，留美自費生、自費公派學生、訪問學者轉學生的人數大幅增加；1986-87 學年，中國留美學生人數達到 20,030 人。這一趨勢在改革開放以後一直沒有改變：中國赴美留學生的人數在中美建交後一直呈上升趨勢，開啟了中國第三次留學浪潮。在 2018-19 學年，中國有超過 37.2 萬名學生赴美留學，遠超日本（約 1.75 萬）和韓國（約 4.9 萬）。[23] 截至 2018 年，中國重點學科帶頭人中，有七成是海外留學生。[24]

---

21　〈北美華裔青年及留學生回顧鄧小平擴大留學政策〉，中國新聞網，2004 年 8 月 24 日，http://news.sina.com.cn/c/2004-08-23/14343471616s.shtml。

22　Ezra Vogel, *Deng Xiaoping and the transformation of China*, Belknap Press of Harvard University Press, 2018, p.337.

23　International Student Date, Opendoors, https://opendoorsdata.org/data/international-students/all-places-of-origin/.

24　〈中國夢激盪回國潮〉，中華人民共和國人力資源和社會保障部，2017 年 8 月 25 日，http://www.mohrss.gov.cn/SYrlzyhshbzb/dongtaixinwen/buneiyaowen/201708/t20170825_276276.html。

如果説中美建交代表着中國重新加入國際社會，那麼中國重返世界貨幣基金組織（IMF）和世界銀行則標誌着中國重新加入世界體系。中國本是 IMF 與關税和貿易總協定（GATT）的創始成員國，但後來因國共內戰、加盟蘇聯陣營等歷史原因退出。1979 年 5 月，中國銀行聯合外交部、財政部和國家統計局組成代表團赴南斯拉夫和羅馬尼亞進行考察。代表團在考察後取得共識，認為中國加入 IMF 有利於吸引外資和改革開放。1980 年 3 月，國際貨幣基金組織代表團應邀來華，隨後明確了中國在 IMF 的成員國身份以及執行董事地位，並在 4 月 17 日宣告恢復中國在該組織的合法席位。同年 4 月，世界銀行行長、前美國國防部部長羅伯特・麥克納馬拉（Robert Strange McNamara）來訪中國，就中國要求恢復其在世界銀行集團的合法席位問題，達成了備忘錄。鄧小平對麥克納馬拉説：「我們太窮了，要改變面貌。」一個月後，世界銀行就通過了中國的請求。翌年 6 月，中國從世界銀行獲得了第一筆貸款，總額達 2 億美元。[25]

　　中國與世界銀行建立夥伴關係，使中國得以借助國際社會的智力資源為中國經濟改革提供有力方案。1980 年，IMF 行長麥克納馬拉率團來華考察後，其團隊撰寫了厚達一千多頁的研究報告《中國：社會主義經濟發展》（*China: Socialist Economic*

---

25　參見：文世芳：〈二十世紀八十年代初世界銀行對中國的兩次考察及影響〉，載《中共黨史研究》2018 年第 3 期。

*Development*），指出了中國計劃經濟模式存在的系統缺陷：「中國和其他國家的經驗告訴我們，中央規劃者永遠無法知曉（經濟生活的）全域。那些從上至下，直接地、嚴格地規劃一切的嘗試，會帶來效率低下，有時甚至會導致經濟系統的崩潰。」[26]但是，報告並沒有一味否定計劃經濟和中國現有體制的作用。考察團認為，不應簡單地靠犧牲計劃經濟來換取市場經濟，而應改進現有體制，繼續發揮中國的體制優勢，加強國家對改革進程的控制力。這份報告是中國第一份整體經濟報告，不僅有利於領導層更清晰地把握中國經濟的現狀和改革方向，也為中國與世界銀行在日後的廣泛合作奠定了基礎。[27]

在與中國初次合作成功後，世界銀行在 1982 年 7 月 8 日至 29 日，於杭州莫干山舉辦了蘇聯東歐經濟體制座談會，就中國應該選擇激進改革還是漸進式改革的問題進行了討論。與會者們達成的共識是，中國應該實施漸進式改革。

來華的世界銀行經濟體制考察團的首要經濟學家是弗·布魯斯（Virlyn W. Bruse）和奧塔·錫克（Ota Sik）。前者曾提出著名的社會主義經濟分權模式，主張把市場機制引入社會主義經濟；錫克則是「計劃性經濟市場模式」的提出者，認為社會主義經濟計劃存在弊端，必須與市場相結合。布魯斯和錫克

---

26  World Bank, *China: Socialist Economic Development*, East Asia, & Pacific Regional Office of World Bank, 1982.

27  該報告後來被翻譯成中文，並在 1983 年的時候，被領導層允許在中國政府和民間廣泛傳閱。

提出的經濟學說與傳統的社會主義計劃經濟相悖，因此這場會議極具政治爭議性。事實上，錫克在 1982 年時還被中央書記處的部分幹部指責為「反社會主義分子」。[28] 為了避嫌，中方不得不低規格接待外國專家。國家經濟體制改革委員會則是以中國物價學會的名義參加了會議。雖然被迫淡化官方色彩，但莫干山會議卻對中共中央高層產生了具決定性的影響力。會議報告被提交至國務院後，8 月 15 日、25 日，薄一波、萬里先後作出批示，採納了「中國應實施審慎而漸進式的改革」的政策建議。[29]

　　1984 年，世界銀行對中國進行了第二次大規模考察。在第一次考察的基礎上，世界銀行的考察團提出，中國應對國有企業的管理制度進行改革，克服管理僵化、效率低下的問題；但與此同時，中國不應該犧牲體制優勢，應避免激進改革帶來的社會問題；中國應利用體制優勢，在利用市場提高效率、利用計劃加強掌控和確保社會分配公平正義三方面達到平衡；報告還極具前瞻性地指出了計劃生育政策的弊端，認為把生育率降低至更替水平將引發老齡化、勞動力不足等問題。[30]1985 年 3 月，世界銀行考察團在撰寫好報告後，組織了團隊來華與中方學者和政府官員溝通。3 月 8 日，國家主席趙紫陽表示，世界

---

28　文世芳：〈二十世紀八十年代初世界銀行對中國的兩次考察及影響〉，載《中共黨史研究》2018 年第 3 期，第 42 頁。

29　《國家經濟體制改革委員會大事記 (1982-1998)》，2003 年，第 6-7 頁。

30　世界銀行 1984 年經濟考察團：《中國：長期發展的問題和方案》。

銀行的兩份報告都是「好的文件」，將對制定中國的長遠經濟發展規劃「起借鑒作用」。[31] 我們很難具體地衡量世界銀行對中國的經濟事務決策產生了多大的推動作用，但可以肯定的是，中國通過與世界銀行建立良好關係，不僅從世界銀行那裏獲得了大量貸款，而且還把國際發展標準和國際經濟知識國內化，為國內的改革工作形成了良好的示範作用，倒逼了中國80年代初的改革進程。中國也通過與世界銀行的合作，在國際社會中建立了安全、穩定的形象。

中國在走上了回歸國際社會和世界體系的道路後，外交政策也發生了相應的調整。1982年9月1日，在中共十二次代表大會上，鄧小平正式提出了中國的「獨立自主」外交政策概念，其核心理念是不結盟政策。1984年5月，鄧小平把中國的外交政策，概括成「獨立自主外交」，指出中國的外交政策是「真正的不結盟外交」，具體體現為「四不一全」：不結盟、不孤立、不對抗、不針對第三國，全方位進行外交活動。[32]「獨立自主」外交概念的提出，是基於對國際形勢長期趨勢的判斷之上。1985年3月4日，鄧小平在一次談話中表示，「現在世界上真正大的問題、具有全球性的戰略問題，一個是和平問題，一個是經濟問題或者說發展問題。」[33] 鄧小平把中國外交帶回到了周

---

31　《人民日報》，1985年3月21日。

32　參見：〈中國的對外政策是獨立自主的，是真正的不結盟〉，鄧小平紀念網，2017年9月17日，http://cpc.people.com.cn/n1/2017/0912/c69113-29529025.html。

33　鄧小平：《鄧小平文選》（第三卷），人民出版社2006年版，第104頁。

恩來在萬隆會議上提出的「和平共處五項原則」。它標誌着中國的外交戰略目標，從求生存轉移到了求發展。中國的國家利益，已不再是輸出和支持世界革命，而是維護國家主權和提高人民福祉。

危機再一次到來。首先，經濟改革政策雖然極大地活躍了農村地區的企業發展，但城市地區存在着難以撼動的既得利益集團，改革的步伐遲遲未能邁進。另外，隨着改革開放進程加速，中國經濟面臨着經濟過熱、信貸發放過猛、部分官員利用價格雙軌制倒買倒賣等社會問題。這些不滿後來集中爆發。1989 年 3 月至 4 月發生的柏林圍牆倒塌、東歐劇變，周圍的形勢讓他們很難意識到組織、務實和謹慎對於政治的重要性。

這段時間裏，鄧小平等改革派面臨着國際和國內的雙重壓力。國內開始有聲音質疑，改革開放到底是不是一條正確的道路？改革開放是否違背了社會主義的基本理念？中國會不會面臨政權被西方顛覆的危機？政治風波對中國的國際形象造成的衝擊同樣顯而易見。全世界總共有二十多個國家宣佈對中國制裁。世界銀行和亞洲開發銀行也宣佈停止向中國發放貸款。日本宣佈取消對華發展援助（ODA），歐共體終止了與中國的軍事接觸，美國則藉人權之名，單方面終止了許多與中國在改良戰鬥機和核電方面的科技合作。[34]

---

34　劉連第、汪大為：《中美關係的軌迹》，時事出版社 1995 年版，第 278 頁。

鄧小平既沒有向國內的保守派妥協，也沒有向外部勢力低頭。在 6 月 9 日接見首都戒嚴部隊幹部時，鄧小平一方面説要「抓思想政治工作」，[35] 但另一方面更強調了堅持改革開放的重要性：「重要的是，切不要把中國搞成一個關閉的國家。實行關閉政策的做法對我們很不利，連信息都不靈通……再是決不能重複回到過去那樣，把經濟搞得死死的。」[36]

　　同樣的堅持也體現在外交上。1989 年 6 月 21 日，布殊總統致函鄧小平，請求派特使訪華，鄧小平在接到信函後立即同意。7 月 1 日，國家安全事務助理斯考克羅夫特秘密訪華。他告訴鄧小平，對華制裁是國會通過的決議，非布殊總統本意，希望中國不要採取過於激烈的手段報復美國。顯然，斯考克羅夫特是被派來試探鄧小平的。布殊想知道的是：在政治上，鄧小平有多大決心保護現有中國的政治體制？在經濟上，中國還會不會繼續改革開放？

　　鄧小平沒有在政治問題上展現出絲毫妥協。他告訴斯考克羅夫特：「我希望美國和它的人民能夠了解這樣兩點：一點是，我們經過了 23 年的戰爭，並且犧牲了 2,000 多萬人，才贏得了勝利，建立了中華人民共和國，而這場戰爭是中國人民在中國共產黨的領導下進行的。第二點是，人們必須懂得，中國是

---

35　鄧小平：《鄧小平文選》（第三卷），人民出版社 2006 年版，第 306 頁。
36　同上，第 307 頁。

一個獨立的國家，而獨立則意味着中國不受外國的干涉。」[37] 此後，中美領導人之間達成了一系列協議和措施來改善關係：布殊宣佈取消部分針對中國的制裁，批准休斯公司向中國出口三顆人造衛星，並恢復了進出口銀行的對華貸款；[38] 同時，中國外交部則宣佈，中國沒有任何對中東國家出售中程導彈的計劃。比起對中國的人權和民主等意識形態問題，更令美國等西方國家擔憂的，恐怕是中國再次因意識形態原因把自己封閉起來。

鄧小平在 1989 年卸任。他在離休後，發揮了最後一絲政治餘熱，把控改革開放的方向不變。1992 年，鄧小平考察湖北、上海和廣東，發表了著名的「南方談話」：「計劃和市場都是經濟手段，不是社會主義與資本主義的本質區別」；「基本路線要管一百年，動搖不得」；「中國要警惕右，但主要是防『左』」。[39] 鄧小平的「南方談話」進一步確保了改革開放路線不動搖。結束談話後的幾個月裏，大量國際投資湧入中國市場。高揚的工業和投資數據表明，世界市場和國際社會又恢復了對中國的信心。政治風波平靜下來後，日本和歐洲國家也先後解除了對中國的經濟制裁。

鄧小平給中國的發展留下了許多遺產，但他的外交思想遺產是甚麼？很多學者和媒體工作者都引用鄧小平著名的 24 字

---

37　George H. W. Bush & Brent Scowcroft, *A World Transformed*, Alfreed A. Knopf, 1998, p.109.

38　American Foreign Policy, Current Documents, 1989, p.530.

39　鄧小平：《鄧小平文選》（第三卷），人民出版社 2006 年版，第 370-383 頁。

箴言:「冷靜觀察、穩住陣腳、沉着應付、韜光養晦、善於守拙、決不當頭、抓住機遇、有所作為。」中國官方也長期把「韜光養晦」稱作鄧小平外交思想的核心。但是,誠如一位學者所言,鄧小平的 24 字箴言,內容模棱兩可,甚至容易被外國人士誤解,很難稱得上邏輯自洽、方針具體的外交戰略。[40] 鄧小平是充滿智慧和擔當的政治強人,但他很難改變中國在改革開放初期處於試錯摸索階段(「摸着石頭過河」)的現實。「韜光養晦」與其說是戰略,不如說是在極端不確定的國際環境下,鄧小平對中國外交工作者的警告:外交要去韜意識形態之光,養經濟發展之晦。中國的外交應服務於中國的現代化。在社會主義面臨危機的時刻,是鄧小平的戰略眼光、政治擔當與務實,幫助中國渡過了危機。

---

40　Feng Zhang, "Rethinking China's grand strategy: Beijing's evolving national interests and strategic ideas in the reform era", *International Politics*, Vol.49, No.3, pp.318-345.

第八章

# 江澤民外交：深化改革，加入世貿

　　當江澤民最初接手國家主席的職務時，他在外交上承擔的任務與鄧小平的很相似：推進改革開放，提升中國在世界秩序中的地位。雖然中國改革開放在鄧小平的領導下，成功地邁出第一步，但江澤民等領導人肩上的擔子沒有更輕。中國挺過了1989 年的政治風波後，世界格局迅速發生了質變。1991 年，蘇聯解體，冷戰以來的兩極格局宣告消失。取而代之的，是以美國霸權主導的單極格局。[1]

　　失去了共同的對手後，美國再也沒有理由在安全和貿易

---

1　Charles Krauthammer, "The Unipolar Moment", *Foreign Affairs*, 70(1), 1990, pp.23-33.

上對中國作出更多的傾斜。相應地，中國與美國之間的矛盾愈發突出：隨着東歐國家紛紛放棄社會主義制度，中國成了世界上為數不多的社會主義國家。這給美國卓越主義（American exceptionalism）的信奉者們帶來了空前的意識形態自信。他們從未如此有信心地對世界宣佈，民主體制和自由市場，將會是所有人類社會進步的唯一道路。美國史丹福大學哲學家弗蘭西斯・福山在 1989 年一篇發表在《外交事務》的文章中寫道：「我們正在目睹的不只是冷戰的結束，或是戰後的某一段特殊的歷史時期，而是歷史的終結本身。這是人類意識形態進化的末端，是西方自由民主作為一種人類政府組織形式的普遍化。」[2]

美國及其意識形態盟友們按照自身意識形態去塑造世界的願望似乎從未如此唾手可得。1990 年 8 月至 1991 年 1 月的海灣戰爭中，美國以壓到性的制空和制信息優勢打垮了伊拉克軍隊。這似乎是在為日後針對他國的政權更迭作出提前預演。

江澤民審時度勢，憂心於中國此時面臨的困境。「世界社會主義處於低潮，我們必須充分警惕，一定要有這根弦，千萬不能麻痹。」江澤民在 1991 年 6 月的一場關於海灣戰爭的座談會上說道。但他沒有把話題引向意識形態的討論上。相反，作為一名工程師，江澤民顯示出了對於科技和經濟規律，而非

---

2　原文為：What we may be witnessing is not just the end of the Cold War, or the passing of a particular period of post-war history, but the end of history as such...That is, the end point of mankind's ideological evolution and the universalization of Western liberal democracy as the final form of human government.

政治的高度敏感性：「這次海灣戰爭，有很多值得我們深思的東西。實際上，從戰爭一開始，美國就已經把伊拉克的電磁頻譜偵查清楚了。頻譜弄清楚了，就可以進行干擾⋯⋯伊拉克為甚麼垮得那麼快？我看，一個重要原因就是伊拉克的通信系統被大癱瘓了，各種指揮失靈了，飛機也飛不起來，特別是伊拉克部隊的戰鬥意志垮了。」[3] 當時，解放軍的軍備落後美軍不止一個世代，亟需軍備現代化。如何做到軍備現代化，保衛國家安全？江澤民指出了科技與經濟之間的聯繫：「科技要發展，裝備要改善，前提條件是要把經濟搞上去。」[4] 如果說毛澤東時代，領導層還堅信中國的科技工作者可以閉門造車地完成「兩彈一星」等科技偉業，那麼江澤民則認為，中國的現代化和科技進步，必須建立在開放、繁榮經濟體的基礎上。

中國需要通過進一步深化改革開放，保持進一步融入世界體系和國際社會的良好勢頭。但世界秩序的主導國家，特別是美國依然認為，中國融入世界秩序，必須以改變自身政體作為必要的代價。事實上，相當一部分的美國精英認為，美國外交的首要任務，是改造中國等異己國家的政治制度。這種信念很清晰地體現在了克林頓政權最初的對華政策上。在 1993 年年初宣誓就職後，克林頓旋即於 5 月簽署了一項行政命令，宣佈下一年度對中國最惠國待遇的延長將附加有關「人權問題」的

---

3　江澤民：《江澤民文選》（第一卷），人民出版社 2006 年版，第 144 頁。
4　同上。

條件。[5] 同年，中美之間發生了「銀河號」事件。中國向奧組委申請在北京組織奧運會的請求，也遭到了華盛頓參眾兩院的指責。[6] 雖然克林頓在上任之初是否支持對華實施政權更迭政策，學界還有爭議，但還可以肯定的是，克林頓（以及當時大部分國會的政治家）從來沒有否認，中美貿易關係、懸而未決的台灣問題，甚至是申辦奧運會等事項，都應該與美國的價值觀掛鈎。

中美貿易問題成了中美關係頭上的一把「達摩克利斯之劍」。中美兩國自建交後，在 1979 年 7 月，兩國政府簽署了《中美貿易關係協定》，相互給予最惠國待遇。此後，中美貿易不斷增加。1979 年，中美貿易額為 24.5 億美元，而到 1996 年，該數據已經達到了 428.4 億美元。[7] 但當時，中美貿易的順利進行，依賴於美國在對華最惠國待遇（most favoured nation）問題上的特殊處理。根據美國國會於 1974 年通過的《貿易改革法案》，即「傑克遜 - 瓦尼克修正案」（Jackson-Vanik Amendment），美國不能給包括中國在內的社會主義國家在貿易方面的優惠，如最惠國待遇。如果說與美國的貿易是美國給社會主義國家的「胡蘿蔔」，那麼傑克遜 - 瓦尼克修正案就是

---

5　Conditions for Renewal of Most-Favored-Nation Status for the People's Republic of China in 1994 (Executive Order 12850 of May 28, 1993), Presidential Documents, Federal Register Vol.58, No.103, May 28, 1993.

6　Congressional Record, 1993, p.12759.

7　〈關於中美貿易平衡問題〉，中華人民共和國國務院新聞辦公室，1997 年 3 月，http://www.gov.cn/zwgk/2005-05/26/content_1033.htm 。

美國向社會主義國家施壓的「大棒」。該條款也同樣適用於中國。[8] 自從卡特開始,美國總統每年都以行政命令(executive order)的形式,免除該法案對中國的適用性,以保證中美貿易的運行。但對於中美貿易關係的長期發展來說,這顯然並不是一個可靠的制度基礎。事實上,美國國會在對華貿易問題上高度政治化,每年,議員們都會對是否應繼續給予中國最惠國待遇的問題展開激烈討論。雖然美國從對華貿易中獲益甚多,但還是有相當一部分鼓吹「中國威脅論」的美國政界人士認為,中國對美國的貿易順超過大、使美國工人失業、偷竊美國知識產權,美國應該與中國實施貿易「脫鈎」。[9] 美國的宗教團體,基於人權等價值觀原因,也強烈反對總統免除傑克遜 - 瓦尼克修正案對中國的適用。[10]

　　1996 年的台海危機更是進一步加深並印證了中美關係的不穩定性。自鄧小平 1992 年的南方談話後,中國大陸與台灣當局實施了一系列措施,促進相互之間的貿易和人員流通。[11] 中國在改革開放後在經濟上取得的發展,也吸引了很多台灣地區同胞在大陸投資經商。1993 年底,台灣地區對大陸的投資高

---

8　James M. Montgomery, China's entry to the WTO and the jackson-vanik amendment, *Journal of Northeast Asian Studies*, Vol.15, 1996, pp.59-69.

9　陶文釗:《中美關係史(1972-2000)下卷》,上海人民出版社 2004 版,第 379 頁。

10　同上。

11　如:1992 年 7 月 31 日,中國大陸制定公佈《台灣地區與大陸地區人民關係條例》,允許非公務員身份的台灣人民進入大陸地區;1993 年 2 月 8 日,施行《大陸地區人民進入台灣地區許可辦法》,允許無法進入大陸地區的台灣地區人民在大陸境內三等血親或配偶進入台灣地區探親;1993 年 4 月 29 日,簽署《辜汪會談共同協議》。

達 60 億美元，高於美國和日本，僅次於香港地區；[12] 大陸也成了台灣地區最大的投資流入地。[13] 但與此同時，以國民黨黨魁李登輝為代表的「台獨」勢力也在上升，他們以台灣身份認同的「推力」對抗中國大陸改革開放的「拉力」。1995 年 5 月，台灣地區領袖李登輝向美國申請簽證，參加母校康奈爾大學校友會。他真正目的是對美國進行「非官方外交」，挑起台海危機，從美國那裏爭取到更多的安全和外交上的支持，為 1996 年的連任選舉做準備工作。5 月 22 日，美國國務院批准了李登輝的申請，打破了 17 年來未有台灣地區高官訪問美國的慣例。為了管控美國對台灣地區問題的承諾，中國分別在 1995 年 7 月至 11 月，以及 1996 年 3 月進行了四次大型導彈發射演習，提高了對台灣的軍事震懾級別。

這暴露了中美在台灣地區問題上的破綻。台灣地區問題雖然有中美關係的三份文件作保障，但如前文所述，這三份文件，特別是《八·一七公報》，都是存在大量灰色地帶、屬於允許雙方各自靈活表達立場的臨時性措施。美國實際上一直在實施「雙軌政策」，即與中華人民共和國發展外交關係的同時，通過軍售、貿易、文化交流等手段與台灣地區發生實質關係。台灣地區問題從未從根本上得到解決。

這場僵局的打破，最終依賴於雙方的高層外交。1996 年

---

12　《人民日報》，1993 年 5 月 7 日。

13　汪慕恆：〈台灣資本海外流向趨勢變化分析〉，載《太平洋學報》1999 年第 2 期，第 61 頁。

7 月 26 日，美國外長克里斯托弗在公開談話中表示，美國將遵守「三個公告」，承認中華人民共和國為中國的合法政府。8 月 1 日，在汶萊的一場會晤上，克里斯托弗遞給中國外長錢其琛一封克林頓寫給江澤民的親筆密函。信中，克林頓邀請江澤民訪美，並對中國作出了「三不」承諾，即不支持台獨、不支持兩個中國、不支持台灣加入聯合國。[14] 克林頓的密函成為了台海危機的轉折點。從 8 月開始，中美關係回暖；10 月 24 日，江澤民與克林頓在紐約進行了非正式領導人會晤。克林頓在這場被他稱為「對華建設性接觸」的會談中，不僅再次重複了他在密函中提及的「三不」原則，還表示支持中國成為世貿成員，只要「中國能提出合理的商業方案」。[15] 會議並沒有解決任何實質性問題，但製造了讓衝突緩和的台階：中方得到了來自美國總統的象徵性妥協，克林頓則繞開了國會，通過公開言論壓制了國會裏的親台分子。當有記者詢問會議是否「解決了問題」時，親自參加會晤的國務卿助理溫斯頓・羅德（Winston Lord）告訴記者：「會晤中已經達成的，是中美兩國對對方、地區、全球的穩定和繁榮，以及對我們兩國人民的福利的重要性的戰略認識。」[16] 與 1979 年中美對台售武談判的情形類似，高超的外

---

14　Shirley A. Kan, "China/Taiwan: Evolution of the 'One China' Policy – Key Statements from Washington, Beijing and Taipei", Updated March 12, 2001. Congressional Research Service Report for Congress (Code: RL 30341), p.33.

15　陶文釗：《中美關係史》（第三卷），人民出版社 2016 年版，第 268 頁。

16　Robert Ross, "The 1995-1996 Taiwan Strait Confrontation", *International Security*, Vol.25, No.2 (Fall 2000), p.99.

交技巧再一次彌補了爭端解決機制的缺失及雙方在價值觀上的鴻溝。

　　但對於中國來說，依靠高層外交「走鋼絲」絕非長久之計。在美國三權分立的制度下，無論哪一任總統在何種公開場合對台灣地區問題作多大的保證，其實都沒有真正的法律效力，特別是當總統卸任之後。在最好的情況下，白宮（或總統）對中方作出的保證（如克林頓的「三不」）是能有效緩和緊張關係的臨時措施；但在最壞的情況下（或者說在大多數情況下），這種「雙簧戰術」是美國為保證其對台灣地區繼續保持影響力的緩兵之計：白宮「務虛」，在高層外交中對中國表示妥協，給中國面子；國會「務實」，不僅不承認白宮的承諾，反而變本加厲地繼續為「台獨」勢力護持。例如，2000 年，美國國會以 341 贊成、70 反對的票數，通過了《台灣安全加強法案》（Taiwan Security Enhancement Act），強化對台灣的軍事協防力度。在台灣問題上，中國或許能通過領導人關係對美國白宮施加影響，但卻對美國國會束手無策。台灣問題，就是在「白宮陽奉，國會陰違」的模式下，不斷地被「解決」（實際上是擱置），但同時又在台灣「本土意識」不斷滋長的狀況下，被美國推往一個越來越有利於台獨分子的方向。

　　對於中美關係不穩帶來的風險，中國外交必須謀求轉型，把重心逐漸從大國關係轉移到周邊關係和國際組織上。1996 年 4 月 26 日，中國與俄羅斯、哈薩克斯坦、吉爾吉斯斯坦、塔吉克斯坦等四個成員國合作，成立了上海合作組織（SCO）

的前身 —— 上海五國會晤機制。這是第一個在中國境內成立的國際集體安全組織。在外交上，中國在 1996 年開始實踐「夥伴外交」政策。「夥伴外交」的主要對象不是美國等西方大國。相反，它旨在發展與中國周邊的發展中國家的外交關係，促進中國更深入地參與亞洲的國際經濟和政治秩序建設，來對沖中國與國際社會核心國家（美國、歐洲國家）在台灣地區、人權問題上發生糾葛而產生的風險。1994 年，中國與俄羅斯建立「建設性夥伴關係」；1996 年，與印度確立「面向 21 世紀的建設性合作夥伴關係」；同年，與巴基斯坦和尼泊爾分別確立「全面合作夥伴關係」和「世代友好的睦鄰夥伴關係」，並成為了東盟的「全面對話夥伴國」；1997 年，與東盟建立「睦鄰互信夥伴關係」。[17]1997 年，中國共產黨的十五大明確地把鄰國關係放在了首要位置，把中國外交轉型官方化。

但中國並沒有謀求改變美國主導的世界秩序。1997 年 11 月 25 日，在加拿大溫哥華舉行的亞太經濟合作組織第五次領導人非正式會議上，江澤民在演講的一開頭就特別着力地強調：「亞太經合組織的唯一使命，就是開展經濟合作，不宜把討論的範圍擴展到社會、政治、安全等非經濟領域。」這種提法，一方面體現了中國堅持「和平共處五項原則」，防止干涉內政蔚然成風，另一方面也顯示了中國的自我克制。改革開放之後，

---

17 〈中國 - 東盟合作：1991-2001〉，外交部，2011 年 11 月 15 日，https://www.fmprc.gov.cn/web/wjdt_674879/sjxw_674887/t877316.shtml。

中國的出口加工業蓬勃發展，連續幾年GDP增長超過10%。雖然亞太國家普遍對逐漸崛起的中國充滿警惕，但中國外交的指導性思想始終是「韜光養晦」，並不期望像前蘇聯那樣另起爐灶。

除了建立周邊外交，中國還必須進一步融入國際經濟秩序，加強其與國際社會成員國之間在經濟和貿易上的相互依存度。加入世界貿易組織因而成為了江澤民等領導人在十五大之後的重點工作。實現這一目標的主要手段，是深化改革開放，建立一個能與全球資本主義市場接軌的社會主義市場經濟。[18]中國早在1986年就成為了世貿前身——關稅和貿易總協定（GATT）的觀察成員國。當時，中國政府成立了專項工作組，與GATT在1992年至1995年間進行了五次談判，但沒有取得太大進展。國際上，美國、歐洲和日本等國家一直質疑中國作為市場經濟國家的地位。在國內，農業、汽車、金融和電信等行業的人士擔心，其企業無法與國外跨國公司競爭，對中國入世的態度非常保守。[19]美國在人權、民主等問題上對中國的外交敵意，也一再阻礙了中國加入世貿的步伐。

不過當互聯網革命在90年代初開始在全球創造新的經濟

---

18　有關中國入世的過程，參見：Yang Guohua & Cheng Jin, The Process of China's Accession to the WTO, *Journal of International Economic Law*, Vol.4(2), 2001, pp.297-328; Raj Bhala, *Enter the Dragon: An Essay on China's WTO Accession*, American University & Washington College of Law, 2000, p.1481。

19　楊光斌、李月軍等：《中國國內政治經濟與對外關係》，中國人民大學出版社2007年版，第172頁。

增長點時，中國的領導人意識到，如果此時再袖手旁觀，中國可能會和晚清和共和國初期那樣，再次錯過一個人類工業革命的風口。1993 年起擔任副總理和中國人民銀行行長的朱鎔基，在外匯、貿易體制和經濟體制等領域開展了一系列疾風驟雨般的改革措施：建立分稅制，取代舊的財政包幹制；確立了在中央政府領導下獨立執行貨幣政策的中央銀行；推進國有銀行的商業化經營；取消雙重匯率制；實施人民幣在經常項目下的可兌換；建立以股份制改造為目標的現代企業制度。[20] 在 1996 年中美關係渡過了台灣海峽危機後，中國再次提高了對外開放的水平。1997 年後，中國大幅度降低了出口關稅稅率，平均關稅水平從 23% 降低到了 17%，降幅高達 26%，涉及了超過 4,800 個稅號商品。[21]1997 年，中國成功地與 12 個世貿成員國達成了雙邊市場准入談判。

但中國依然要邁過美國這道坎，與美國簽訂加入世貿的雙邊協定。美國談判代表們最關心的是知識產權問題。美國是世界上科技水平最高、技術輸出最多的國家，其出口的主要商品是高科技產品和音像製品、計算機軟件等知識產品，因此其對外貿易非常依賴於對方國家對知識產權的保護。中國作為發展中國家，在知識產權保護上並不十分成熟，80 年代起才開始頒

---

20　Yongnian Zheng, *Contemporary China: A History Since 1978*, Wiley-Blackwell, 2014, pp.43-62.

21　〈關於中美貿易平衡問題〉，中華人民共和國國務院新聞辦公室，1997 年 3 月，https://www.fmprc.gov.cn/ce/cohk/chn/xwfb/zfbps/t55521.htm。

佈《商標法》、《專利法》和《著作權法》等知識產權制度。[22] 美國自 1990 年開始發佈了「特別 301 條款」，把中國確定為知識產權保護不利的「重點國家」。儘管雙方在 1996 年達成了第三個知識產權協議後，談判有了些微的進展，但美國國會中反對中國加入世貿的言論依然不絕於耳。新保守主義者們依然把中國視作美國的假想敵。1998 年 6 月，美國眾議員克里斯托弗‧考克斯（Christopher Cox）提交了一份機密報告，認為中國於 80 和 90 年代對美國進行了大量的間諜活動，認為「中華人民共和國竊取了美國最尖端的氫彈技術。」[23] 此後，洛薩拉莫斯國家實驗室的華裔科學家李文和成了嫌疑人，被聯邦調查局以間諜罪起訴。1999 年 3 月底，參議院外交委員會主席傑西‧亞歷山大‧赫爾姆斯（Jesse Alexander Helms）向國會提出了《加強台灣安全法案》。該法案在翌年 2 月通過，再一次損害了中美在台灣問題上的共識。

這一系列事件，既為中美世貿談判增添了陰影，也為美國貿易談判代表增添了籌碼。1999 年 3 月 30 日，美國貿易談判代表巴爾舍夫斯基為磋商中國入世問題訪華，但表示和中方「還有很大的分歧」。當時，雖然美國的商務部和國務院支持

---

22　關於中國知識產權法律制度的發展，參見：管育鷹：〈全球化背景下中國知識產權法律制度的發展〉，中國法學網，http://www.iolaw.org.cn/showArticle.aspx?id=2774。

23　Select Committee of United States House of Representatives, U.S. National Security and Military/Commercial Concerns with the People's Republic of China, US Government Printing Office, January 3, 1993, https://www.govinfo.gov/content/pkg/GPO-CRPT-105hrpt851/pdf/GPO-CRPT-105hrpt851.pdf。

中國入世，但財政部猶豫，國會則持不支持態度。當朱鎔基於1999 年 4 月訪問美國時，克林頓在白宮告訴朱鎔基，中美必須取得能抵禦國會議員批判炮火的「防彈」協議。[24] 雖然雙方最後以聯合聲明的形式鎖定了談判成果，表達了克林頓政府對中國入世的支持，但朱鎔基訪美並沒有取得實質性進展。朱鎔基在回國後，遭到了國內的一些批評，有人認為他給美國亮出了中國的底牌。在關鍵時刻，江澤民保護了朱鎔基，公開表示，朱鎔基「既守住了底線」，「也沒有犯原則性的錯誤」。[25]

但中美關係再次遭到飛來橫禍：5 月 8 日，北約空軍轟炸了中國駐南聯盟大使館。事件發生後，中美關係迅速惡化，與美國進行的世貿談判被迫擱置。直到克林頓（再一次）給江澤民遞交親筆密函，表示願意與中國再度談判之後，中美入世談判才得以重新啟動。[26]1999 年 11 月，朱鎔基再次訪問美國進行談判。11 月 15 日，雙方簽署中華人民共和國政府和美利堅合眾國政府關於中國加入世貿組織的雙邊協議。2001 年 11 月 11 日，中國政府代表在卡塔爾首都多哈正式簽署了中國加入世界貿易組織（WTO）的協議。

中國最終能加入世貿，一方面是因為中國龐大市場對國際資本的吸引力，另一方面，有賴於中方接受並承擔了大量「超

---

24　鞏小華、宋連生：《中國入世全景寫真》，中國言實出版社 2001 年版，第 133 頁。

25　Hongyi Harry Lai, "Behind China's World Trade Organization agreement with the USA", *Third World Quarterly*, Vol.22(2), pp.240-241.

26　江澤民：《江澤民文選（第三卷）》，人民出版社 2006 年版，第 448 頁。

WTO 義務」，即超過世貿多邊總協定的義務。[27] 例如，議定書
要求中國：在擬訂貿易法律法規時，徵求公眾意見；對任何個
人、企業和 WTO 成員有關貿易信息的詢問提供答覆；給外國
投資者以國民待遇；避免採取任何措施對國營貿易企業購買
或銷售貨物的數量、價值或原產國施加影響或指導，「但依照
《WTO 協定》進行的除外」。《中華人民共和國加入議定書》中
最為嚴厲的規定是，在中國入世後 15 年內，進口國可以依據本
國反傾銷規則將中國視為「非市場經濟國家」。[28] 這一條款沒有
規定終止期限，使得其他國家可以以中國產品在本國造成市場
混亂為由，對中國產品徵收反補貼稅。正如國際法學者秦婭所
指出的那樣，《中華人民共和國加入議定書》「並非又一個標準
化的文件，相反，它包含了大量的特殊條款，這些條款闡釋、
擴展、修改或者背離了現存的 WTO 諸協定，其結果是使 WTO
的行為規則在適用於中國貿易時被顯著修正了。」[29]

　　儘管作出了巨大讓步，但中國並沒有吃虧。相反，加入世
貿是中國現代史上的里程碑事件。一方面，中國加入世貿後，使
中國的加工出口業產能得到了有效釋放，也倒逼了中國國內的
經濟結構改革，使得中國的產業更具競爭力、更加國際化。另

---

27　參見：秦婭：〈「超 WTO」義務及其對 WTO 法律制度的影響 —— 中國入世議定書評
　　析（譯文）（上）—— 中國入世議定書評析〉，《國際法研究》2003 年第 1 卷。

28　World Trade Organization, Accession of the People's Republic of China, WT/L/432
　　(Nov. 23, 2001).

29　秦婭：〈「超 WTO」義務及其對 WTO 法律制度的影響 —— 中國入世議定書評析（譯
　　文）（上）—— 中國入世議定書評析〉，《國際法研究》2003 年第 1 卷。

一方面，中國加入世貿，意味着中國在制度層面上初步實現了與世界秩序的「接軌」，趕上了第三次工業革命，信息革命的風口。但這並不意味着中國會迷失自我。江澤民在一場有關入世的重要講話中說道：「美國與我國達成關於中國加入世界貿易組織的雙邊協定，是與其全球戰略緊密相連的。這一點，克林頓曾明確地作了表露。他在關於給予中國永久最惠國待遇問題致國會的聲明中說：『加入世界貿易組織將給千百萬中國人以政府不可能控制的方式帶來信息革命。這將加速中國國有企業的瓦解。這一過程就是使政府遠離人們的生活，並催發中國社會與政治的變革。』對此，我們必須保持清醒的頭腦，看清本質，做到有備無患，努力實現我們的戰略意圖，推動我國經濟發展。」[30]

2001 年 9 月 11 日，美國紐約和華盛頓被恐怖分子襲擊。紐約的世界貿易中心轟然倒塌，華盛頓的五角大樓也遭到破壞。這是美國在二戰後第一次本土遭到外部勢力的物理襲擊。此後，布殊政府展開「反恐戰爭」，入侵伊拉克。總統布殊的外交戰略思想，是以軍事干預和政權更迭為主軸的新保守主義（neo-conservatism）。[31] 美國的外交開始呈現越來越多的單邊主義傾向。

---

30　江澤民：《江澤民文選（第三卷）》，人民出版社 2006 年版，第 450 頁。

31　參見：Brzezinski, Z. 2007. Second Chance: Three Presidents and the Crisis of American Superpower. New York: Basic Books.; Ikenberry, G. J. (2001). "American Grand Strategy in the Age of Terror", *Survival*, 43(4), pp.19-34.; White House, The National Security Strategy of the United States of America, March 2006, http://www.whitehouse.gov/nsc/nss/2006/。

北京意識到了美國外交政策的轉變。在 2002 年 10 月 24 日訪美期間，江澤民極具象徵性地參觀了德克薩斯州大學的喬治‧布殊總統圖書館。他在演講中向美國聽眾說，「君子和而不同」，「中國對外政策的宗旨是維護世界和平、促進共同發展」。[32] 次日，在與布殊見面時，江澤民再次重申，中國支持美國打擊恐怖主義、解決朝核危機。[33] 江澤民明白，美國構建「民主帝國」的慾望從未如此強烈。他必須對華盛頓採取一定的「接觸」政策。

　　但美國人對中國的「接觸」並不領情。入侵了伊拉克的布殊政府已是箭在弦上，正式放棄了克林頓時期的多邊主義。在美國的縱容下，日本新保守派首相小泉純一郎也打破了不參拜靖國神社的禁忌，企圖復甦日本民族主義，把日本從經濟大國轉變為政治大國。與此同時，無論是在北美、歐洲、日本還是東南亞，政治觀察家們的對華的論調，早已從冷戰時期的「中國崩潰論」發展成了「中國威脅論」。在中國，無論是領導層還是學界，都認為世界在從單極走向多極：除了美國外，歐盟、日本、俄羅斯和中國，都會各成一「極」。但事實上，日本和歐盟從來是美國「民主帝國」的組成部分。俄羅斯勢力羸弱，獨木難支。反觀中國，其經濟在不斷刷新增長記錄，軍事也在努力實現現代化。中國正在「崛起」，而世界似乎正在走向「兩極」。

---

32　江澤民：《江澤民文選（第三卷）》，人民出版社 2006 年版，第 522 頁。

33　同上，第 525-527 頁。

雖然中國進入世貿後，初步實現了對國際經濟秩序的全面融入，但中國與美國主導的國際政治秩序間的矛盾，變得越來越尖銳了。正如基辛格所言，西方國家擔心的是，「是否有可能創造出一個讓中國可以永久參與卻不主導的體系？」[34]

中國在現有世界秩序中進一步提升地位並非易事。美國作為世界秩序的絕對核心國家，掌握着最尖端的科技和生產技術，同時也佔據着國際社會的話語權，比如自由、人權、民主，不會輕易地讓與其政治制度和價值觀不同的國家（如中國、俄羅斯和伊朗）在國際貿易和生產鏈上取得相對優勢。這些國家是美國在政治上難以管控的。對中國而言，這意味着如果不能與國際社會主流的政治制度和價值趨同，它很難獲得更多的貿易機會，也很難升級工業生產體系。但要提升中國在美國主導的國際社會中的地位，中國必須對自身進行一定程度上的制度性改革。在 1978 年後相當長的一段時間裏，中國為了融入世界秩序，對自身進行了深刻的改革。大多數改革都集中在經濟領域。中國改革開放是雙贏的，既有利於國際社會，也有利於中國自身的發展。但中國不可能為了經濟利益而無限度地對外讓步。這麼做並不符合中國的國家利益。如何處理「兩極化」背景下中國與世界秩序的關係？中國應該怎樣實現可持續地參與世界秩序？中國外交除了幫助推

---

34　亨利‧基辛格、李稻葵、尼爾‧弗格森、法里德‧扎卡里亞：《舌戰中國：21 世紀屬於中國麼？》，中信出版社 2012 年版，第 29 頁。

動中國的經濟發展，是否能提出目光更長遠、更有全球視野的國際戰略構想？這將成為中國外交在胡錦濤時期和習近平時期的核心課題。

第九章

# 胡錦濤外交：
# 從「和諧世界」到「有所作為」

　　和江澤民一樣，胡錦濤也有着理工科的學術背景。他於 1964 年從清華大學畢業後，就職於母校的水利工程系；文革期間，他和許多知識分子一樣「上山下鄉」，後來被分配到了甘肅省的深山裏，在一座水電站中從事水利工程和行政工作。雖然胡錦濤與江澤民有着相似的學歷，但兩人在領導風格上差異非常大。江澤民性格開朗、精通多門外語，在哈佛大學用英語演講，還曾在晚宴上親自指揮樂隊演奏。胡錦濤與之大相徑庭。即使是在以穩重著稱的中國領導人中，胡錦濤沉着冷靜的程度也是罕見的。一位外國學者在評論胡錦濤時代的政治遺產時說道：「胡錦濤最為顯著的特徵就是他的單調。」[1]

---

1　Kerry Brown, "Hu Jintao's Legacy", *Foreign Policy*, November 8, 2012.

但這種說法是對胡錦濤外交思想和處境的誤讀。胡錦濤2003年接任中華人民共和國主席一職後，面對的國際形勢變化之劇烈，足以迫使任何一個性格奔放者變得謙虛。在 2003 年 8 月的一次外交工作會議上，胡錦濤謹慎地強調：「舊的世界格局已經瓦解，新的世界格局尚未形成。」[2] 胡錦濤領導下的中國所面對的國際格局比 90 年代更動盪，而非更穩定。

國際格局的不穩定性主要體現在美國霸權破壞了多邊主義秩序。霸權國家的自我克制和對國際組織、國際規則的遵守，是維持世界秩序穩定的決定性因素，是國際公共產品的重要組成部分。在 90 年代之前，由於必須與蘇聯在全球範圍展開制度和意識形態競爭，美國總體上是一個「仁慈」、負責任的霸權。但絕對的權力導致絕對的腐敗。蘇聯解體後，美國成為了世界唯一的超級大國。在缺乏制約和競爭的情況下，美國維護世界秩序的責任感日益低下。這種狀況在 9.11 恐襲之後變得尤為嚴重：2003 年，美國繞開聯合國，甚至不顧盟友的反對，悍然對伊拉克和阿富汗單方面發動侵略戰爭。[3] 事實證明，布殊政府的新保守主義政策不僅沒有消滅恐怖主義，還損害了以聯

---

2　胡錦濤：《胡錦濤文選（第二卷）》，人民出版社 2016 年版，第 89 頁。

3　為美國單邊主義背書的，是所謂美國新保守主義（neo-conservatism）。其主要政策內涵，是通過強硬軍事手段，對一些被美國認為支持恐怖主義的國家進行「政權更迭」（regime change）操作，把這些國家改造成在安全上不會對美國造成威脅的民主政權。美國的外交政策一直徘徊在以威爾遜為代表的理想主義和以基辛格為代表的現實主義之間。新保守主義更接近前者，但是更強調對軍事實力的使用。美國著名國際關係學者約翰·米爾斯海默曾說過，「新保守主義就是長了牙齒的威爾遜主義。」這種講法很貼切，但不完全準確。威爾遜主義至少在理念上還是為世界和平和集體安全服務的：

合國為基礎的多邊主義，造成了國際公共財產的赤字。[4] 中國支持美國反恐，並積極地與美國分享反恐安全信息。但中國必須對美國霸權的全球化、持久化以及單邊主義化等趨勢保持警惕。對於中國而言，多邊主義秩序更有利自身發展，而一個霸權不受制約的單極化世界格局是巨大的不穩定因素。對此，胡錦濤認為：「有的國家憑藉強大的經濟、技術、軍事實力，奉行實力政策，推行單邊主義，提出『先發制人』的軍事戰略⋯⋯世界多極化將是一個複雜而曲折的過程。」[5]

　　與此同時，中國也成為了世界秩序的決定性變量。1990年代的信息革命發生後，世界體系進入了被一些學者稱為「超級全球化」的新階段：跨國企業實現了研發環節、勞動密集型加工裝配環節、銷售環節等多個生產要素在全球範圍的轉移。通過發展勞動密集型產業，中國開始深度參與世界體系下的全球分工。事實上，中國早在加入世貿前就成為了發達國家勞動密集型加工裝配環節的主要移入國。這一趨勢在中國於 2001

　　相反，新保守主義是以最大化美國利益為首要目標的單邊主義。美國在 1991 年第一次海灣戰爭時期對伊拉克發動的戰爭是經過了聯合國授權的，美國的戰爭行為也並沒有以「政權更迭」為戰略目標。然而，新保守主義思想無視國際組織，其引領的美國「反恐戰爭」以推翻敵對政府、宣揚和散播美式民主體制為目標。參見：John Mearsheimer, "Hans Morgenthau and the Iraq war: realism versus neo-conservatism", openDemocracy, 2005, https://www.opendemocracy.net/en/morgenthau_2522jsp/。

4　Tunander Ola, War on Terror and Transformation of World Order, presented at Change and Adaptation – Contemporary Security Challenges and NATO, Side, Turkey, 14-16 May, 2006.

5　胡錦濤：《胡錦濤文選（第二卷）》，人民出版社 2016 年版，第 90 頁。

年入世後有增無減：2002 年，中國實際使用外資 527 億美元，[6]
是當年世界上使用外商直接投資最多的國家；同年，全世界
500 強公司有 400 家在華投資；[7] 根據美國一家管理諮詢公司的
調查，在 2002 年至 2011 年連續十年裏，中國一直位列外商投
資信心指數第一名；[8] 截止 2011 年底，中國累積批准投資的外
資企業達到 73.8 萬家，實際使用外資總額累積超過 1.16 萬億
美元，連續 20 年居發展中國家首位。[9] 中國積極「引進來」的政
策取得了令人驚歎的成果：2000 年至 2010 年十年間，數億人
口脫離貧困，中國 GDP 年均增長超過 10%，其中 2007 年更是
達到了驚人的 14.23%，[10] 被經濟學者稱為世界經濟史上前所未
有的奇迹。

「奇迹」背後也存在問題。中國經濟的增長主要由勞動密
集型的來料加產業推動，這一特徵在中國於 2001 年加入世貿
之後的數年後日益明顯，形成了「從東亞國家進料，向歐美國

---

6　根據中國人民共和國商務部統計數據測算。詳見：全國利用外資情況統計，中華人
　　民共和國商務部，http://www.mofcom.gov.cn/article/tongjiziliao/v/200302/
　　20030200069444.shtml。

7　于廣州：「關於我國加入世貿組織以來有關情況的報告」，第十屆全國人民代表大會
　　常務委員會第六次會議，2003 年 12 月 25 日。

8　AT Kearney, "The 2013 A.T. Kearney Foreign Direct Investment Confidence Index:
　　Back to Business: Optimism amid Uncertainty", 2013.

9　彭波：〈利用外資進一步深入發展階段（加入世貿）〉，中華人民共和國商務部，http://
　　history.mofcom.gov.cn/?specialthree=lywzjybsrfzjd#。

10　根據世界銀行數據測算。參見：World Bank national accounts data, and OECD
　　National Accounts data files. https://data.worldbank.org/indicator/NY.GDP.MKTP.
　　KD.ZG?locations=CN。

家出口」的國際貿易「三角模式」：在 2009 年，中國的進料，如零部件等高科技中間品，有 80% 來自東亞國家和地區；出口加工的終端產品，有 45% 銷往歐美。[11]「三角模式」給中國帶來了經濟騰飛，但同時也帶來了環境污染和全球收入分配不均問題：跨國公司的生產基地向中國轉移，既使移入國（中國）承擔了巨大的社會和環境代價，又造成了移出國（如美國）產業工人就業的流失。

勞動密集型產業是在全球價值鏈中利潤最低的生產環節。中國企業和勞動者為了賺取少量利潤，付出了高昂的社會成本。一個有關蘋果隨身聽（iPod）的研究表明，一部售價為 299 美元的蘋果隨身聽，從設計到銷售的整個過程中，美國企業通過主導研發、設計和銷售環節，能從中獲取 80 美元的利潤，而中國企業只能獲得 4 美元的利潤，佔總利潤的 2.8%。[12] 當這些利潤被分配給車間工人時，數額變得更為稀少。中國南方珠三角的加工廠因此背負了「血汗工廠」的污名。許多重污染的企業也為了規避歐美的環境保護標準而搬遷來中國。中國勞動密集型產業為中國脫貧和世界經濟增長作出了貢獻固然無可否認，但同樣無可否認的是，這種貢獻是以壓縮中國勞動者的收入甚至是自身生活條件為代價的。

11　楊正位：〈國際產業轉移與我國對策〉，中華人民共和國商務部政策研究室，2005 年 3 月 24 日，http://zys.mofcom.gov.cn/article/d/200503/20050300029068.shtml。

12　Communications of the CM, *Who Captures Value in a Global Innovation Network? The Case of Apple's iPod*, March 2009.

跨國公司並沒有為中國工業技術帶來預期中的提升。中國在改革開放之後，實施「以市場換技術」戰略，力圖通過吸引外資、創辦中外合資企業，提高國家企業和工業部門的科技水平和自主創新能力。支撐這一戰略的經濟學理論是「技術溢出效應」（knowledge spillovers）：跨國公司在東道國實施 FDI，會給東道國企業帶來生產和技術水平的升級。[13] 但事實上，雖然跨國公司給中國帶來了管理技術的改進，但是核心科技的提升可謂乏善可陳。中國在長三角和珠三角迅猛發展的製造業，使中國成為了「世界工廠」。但是，名義上的「中國製造」，實際上是「中國組裝」。中國對外出口的主要商品出現了從紡織品、玩具到電子產品的升級。然而，電腦、手機等電子產品依然是來料加工的產物。諸如顯示屏、芯片、操作系統等核心科技，依然掌握在美國、日本、韓國等發達國家企業的手中。[14] 商務部發佈的《2005 年跨國公司在中國報告》中也承認：「大量外商直接投資帶來的結果是核心技術缺乏症……出讓市場卻沒有獲得相應的技術提升，這離我們市場換技術的初衷還有相當大的差距。」[15]

---

13　Magnus Blomstrom and Ari Kokko, "Foreign direct investment and spillovers of technology", *International Journal of Technology Management*, 2001.

14　中國並非沒有在自主創新上作出努力：2003 年，上海市人民政府發佈了中國自主研發的「漢芯」芯片。但很快被發現是一單詐騙預算案件：幾位學者為了騙取高達 1 億多元的科研經費，在美國購買了摩托羅拉公司的芯片，並委託了一家上海裝修公司，用細砂紙把芯片表面上的摩托羅拉原廠商標抹去，再印上了「漢芯」的標誌和字樣。這宗學術醜聞後來成為了涉案裝修公司的廣告。其公司官網曾寫道：「曾經為陳進的芯片與系統研究中心做過裝修。」

15　王志樂：《2005 跨過公司在中國報告》，中國經濟出版社 2005 年版。

隨着製造業移出原國家（如美國），跨國企業所在國也出現了嚴重的就業流失和產業空心化問題。美國經濟政策研究所（Economic Policy Institute）在一份 2005 年的研究報告中指出，在中國加入世貿的短短兩年裏（2001 年至 2003 年），美國因製造基地轉移至中國，流失了超過 23 萬個就業機會。[16] 雖然美國在這段時間裏保持了不俗的經濟增長，但美國的產業結構也發生了重大變化：1953 年，美國有 32% 的勞動人口從事製造業；這一數字在 2007 年下降到僅為 10%。[17] 雖然「超級全球化」為美國創造了新的就業崗位，但美國工人失業和中產階級流失的現狀是不爭的事實。中國商務部的數據顯示：「1995 年至 2002 年，美、日、英製造業就業分別減少了 200 萬、2,300 萬、50 萬人。」[18] 美國的中產階級數量，也從 1971 年的 61% 下降了 2011 年的 51% 左右。[19] 中國參與全球化分工，給作為世界秩序霸主的美國，特別是美國的科技公司與金融跨國資本帶來了巨大的利益。但無論是在發展中國家還是在發達國家，這一過程下的利益分配都很難説得上是公平的。中國嵌入世界體系，對其自身和其他國家的社會結構都造成了前所未有的衝擊。

---

16　Scott, E. Robert, "U.S.-China Trade, 1989-2003: Impact on jobs and industries, nationally and state-by-state", Economic Policy Institute, 2005, p.8.

17　"Percent of Employment in Manufacturing in the United States", FRED Economic Data, https://fred.stlouisfed.org/series/USAPEFANA.

18　楊正位：〈國際產業轉移與我國對策〉，中華人民共和國商務部政策研究室，2005 年 3 月 24 日，http://zys.mofcom.gov.cn/article/d/200503/20050300029068.shtml。

19　Rakesh Kocchar, "The American middle class is stable in size, but losing ground financially to upper-income families", Pew Research Centre, September 6, 2018.

在這樣的情況下，美國等國際社會核心國家普遍關注的問題是：中國將如何運用自己日益增長的實力？中國的國際責任是甚麼？中國在全面嵌入世界體系的同時，能同時融入以美國為首的國際社會嗎？鄧小平曾為中國的外交工作留下「韜光養晦，絕不當頭」的訓言。但這句話對於鄧小平去世後的中國領導人來說，既是指導性原則，也是反思的對象：中國外交是否要打破「韜光養晦」，變得「有所作為」？如果是，如何「作為」？

　　江澤民在任時就面臨着這個問題，胡錦濤也是。後者面臨的情況更棘手。一方面，中國人口多、底子差，在自身還存在數億貧困人口的情況下，似乎還不具備介入全球性問題的能力。但另一方面，中國也的確在「崛起」。雖然不能說鄧小平沒有戰略上的高瞻遠矚，但「韜光養晦」，或說以經濟發展為絕對重心，顯然已經不足以被當作中國外交工作的一般性原則。這並不是說，中國外交不應以經濟發展為主要目標。但是，中國在加入世貿後，實際上已經成為了西方國家眼中的大國，即使不是發達國家。中國不得不面對國際社會對中國承擔國際責任的期待和要求。

　　對國際社會的呼聲，中國的回應是「和平發展」論。早在 2002 年 12 月 9 日，前中共中央黨校副校長鄭必堅就訪問美國，並在美國戰略與國際問題研究中心（CSIS）演講時提出了「中國和平崛起」的理念，認為中國「將要走出一條同世界近代歷史以來後興大國崛起進程所走的道路完全不同的、全新的和

平崛起的發展道路。」[20] 雖然美國人對鄭必堅的說法不乏讚賞，但是對「中國崛起」表示擔憂的看法依然佔了上風。鄭必堅回國後，立刻撰寫並遞交政策報告，建議對中國「和平崛起」的理論展開研究。[21] 在翌年 11 月 3 日的博鰲論壇上，鄭必堅首次把這一概念對外公開提出。他認為，中國「和平崛起」是一種必然：「後新興大國走了一條依靠發動侵略戰爭打破原有國際體系，實行對外擴張以爭奪霸權的道路。而這樣的道路，總以失敗告終。」

言下之意，中國不可能挑戰美國領導的世界秩序。同年 12 月 10 日，中國國家總理溫家寶到訪美國，並在哈佛大學演講，向美國的明日精英們講述中國「和平崛起」的要義，並強調中國文明中「和而不同」的精神文化內涵。2005 年 9 月，鄭必堅更是在美國權威雜誌《外交事務》(*Foreign Affairs*) 上發表了有關中國「和平崛起」的文章，論述了「和平崛起」的三重含義：第一，中國崛起本身是和平的；第二，中國將採用和平的方式崛起；第三，中國崛起有利於世界和平。[22] 在鄭必堅的文章引起廣泛反響後，中國官方很快把「和平崛起」悄然換成了「和平

---

20　鄭必堅：〈中共十六大和中國和平崛起新道路〉，《鄭必堅自選集》，學習出版社 2007 年版，第 469 頁。

21　鄭必堅：〈建議就「中國和平崛起的發展道路」展開研究〉，《鄭必堅自選集》，學習出版社 2007 年版，第 479 頁。

22　Bijian Zheng, "China's Peaceful Rise to Great-Power Status", *Foreign Policy*, September/October 2005, https://www.foreignaffairs.com/articles/asia/2005-09-01/chinas-peaceful-rise-great-power-status.

發展」。這顯示了中國外交工作者對國際輿論的敏銳觸覺，也表明了中國堅持和平的自覺性：「崛起」（rise）略微刺耳，而「發展」（development）更具普世意義。

對中國的「和平發展」論，美國回應以「中國責任」論。[23] 2005 年 9 月 21 日，時任美國副國務卿的羅伯特・佐利克（Robert Zoellick）發表了題為〈中國向何處去？從成員到責任〉的演說，其中提出：「我們要求中國成為一個對國際體系負責任的利益攸關國。」美國所指的中國責任是甚麼？至少從佐利克的演講中，可以提取兩點。第一，中國必須改變國際貿易不平衡的問題：「沒有任何國家 —— 特別是歐盟國家或日本 —— 能忍受高達 1,620 億美元的雙邊貿易逆差，這造成了高達 6,650 億美元的全球經常賬戶赤字。」[24] 在美國看來，中國對美國乃至全球的貿易是不平衡的；佐利克還嚴厲批評了中國保護知識產權不力的狀況和激進的能源戰略。第二，中國必須對東北亞的區域安全作出更積極的貢獻。2003 年 1 月 10 日，朝鮮宣佈退出《不擴散核武器條約》，引發第二次朝鮮核危機。當時，布殊政府受新保守主義理念推動，入侵伊拉克的軍事行動

---

23　事實上，就連與中國沒有地緣政治矛盾的歐盟也對中國提出了「責任論」，並在 2006 年 10 月 24 日發佈了名為《歐盟與中國：更密切的夥伴、增長的責任》文件，要求中國與歐盟共同承擔維護可持續經濟發展、氣候變化和安全的共同責任。

24　Rober B. Zoellick, "Whither China? From Membership to Responsibility: Remarks to National Committee on U.S.-China Relations New York City September 21, 2005", US Department of State Archive, September 21, 2005, https://2001-2009. state.gov/s/d/former/zoellick/rem/53682.htm.

已是箭在弦上。似乎是預見了薩達姆的隕落，金正日政權對美國任何形式的承諾都懷有不可逾越的不信任。隨着《美朝框架協議》的破滅，美國對於改變朝鮮行為愈發無力，對中國寄予厚望。美國認為，中國在朝鮮核危機上與美國有防止核武器擴散的共同利益；中國有必要、也有能力承擔解決危機的責任。中國對朝鮮核危機的應對，也成了美國衡量中國是否能成為「負責任大國」的指標。如佐利克強調：「所有國家都根據它們的國家利益來制定外交政策，但負責任的利益攸關國比這走得更遠：它們認識到，當前的國際系統保證了它們的和平繁榮，因此它們努力地維持這個系統的運作。在外交政策上，中國有很多成為負責任的利益攸關國的機會。其中最迫切的機會是北韓。」[25] 但佐利克的期待落空了。無論是在國際經貿還是安全問題上，北京和華盛頓都沒達成有效共識。

　　貿易不平衡的問題始終沒有得到改善。在 80 年代，中國尚未成為世界貿易的重要力量。但在加入世貿僅僅三年（2004年），中國就超過了過日本，成為了世界第三大貿易國。與此同時，中國在加入世貿的十年間（2001 年至 2010 年），連續五年成為全球遭反補貼訴訟最多的國家，其中美國發起 11 宗、歐盟 5 宗、墨西哥 3 宗、加拿大 2 宗、危地馬拉 1 宗，爭端涉及鋼鐵、集成電路、汽車零部件、銅版紙、紡織品、電子支付系統等諸多行業領域。中國與美國的貿易爭端最為嚴重，以至於

---

25　同上。

中美貿易逆差演變成了國際政治問題。[26] 從一般的經濟學規律來講，國家間的貿易逆差是自我修正的：當一個國家對另一個國家出現貿易逆差時，前者的貨幣會貶值，導致其從後者進口的成本增加，出口的成本降低。但這種情況在中美之間並未發生：隨着中國入世後對美國的出口激增，美國對中國貿易逆差從 2001 年的 830.9 億美元迅猛膨脹到了 2007 年的 2,585 億美元，增量高達三倍（見表一）。美國主流的政策專家和經濟學者大多認為，中美之間龐大的貿易逆差是不健康且不可持續的。

表一　美國對中國貿易收支數據，1998-2007 年（單位：億美元）

數據來源：美國普查局（US Census Bureau）[27]

---

26　https://www.wto.org/english/tratop_e/dispu_e/dispu_by_country_e.htm#respondent.

27　詳見：https://www.census.gov/foreign-trade/balance/c5700.html 。

布殊政府和美國製造業團體開始對中國的貿易行為展開了強烈批判，其中最常見的指責是「中國操縱匯率」，即中國政府在美國對華存在貿易逆差的情況，通過大量購買美國國債來保持人民幣對美元不升值。美國工商團體一直在呼籲布殊政府把中國列為「匯率操縱國」。布殊政府雖然沒有給中國貼上這一標籤，但也沒有停止對北京施壓，並敦促中國採取彈性匯率制度。中國在 2005 年作出了讓步，使人民幣對美元升值了約 10%，但不少美國政界人士依然認為，人民幣應該對美元升值至少 25%。

美國對中國在操控匯率問題上的指責幾乎沒有甚麼事實根據。中國雖然持有大量美債，但直到 2008 年以前，美債第一大債主是日本（後來日本在 2015 年再次超過中國，成為美債第一大債主）。而且，即使是中國美債增量最多的 2000 年至 2007 年，中國佔美國國債總額的比例最多也只達到了 5.17%，根本無法對美國經濟造成威脅。[28] 如果硬要説中國在任何程度上對美國形成了「金融威脅」的話，對美國經濟安全最有威脅度的主權國家應該是日本，而非中國。

28　宋國友：〈中國購買美國國債：來源、收益與影響〉，《復旦學報（社會科學版）》，2008 年第 4 期，第 35 頁。

表二　美國國債數據，2000-2007 年（單位：億美元）

| 年份 | 美國政府國債總額 | 中國 | 日本 | 英國 | 中國佔美國國債總額比例 |
|------|------|------|------|------|------|
| 2007 | 92,292 | 4,776 | 5,812 | 1,574 | 5.17% |
| 2006 | 86,802 | 3,980 | 6,227 | 737 | 4.59% |
| 2005 | 81,704 | 3,109 | 6,690 | 1,460 | 3.81% |
| 2004 | 75,961 | 2,229 | 6,899 | 958 | 2.93% |
| 2003 | 67,832 | 1,590 | 5,508 | 822 | 2.34% |
| 2002 | 62,282 | 1,184 | 3,781 | 804 | 1.90% |
| 2001 | 58,075 | 786 | 3,179 | 450 | 1.35% |
| 2000 | 56,221 | 603 | 3,177 | 502 | 1.07% |

數據來源：美國財政部 [29]

　　對於中國而言，勉強實施浮動匯率並不現實。首先，中國很難打破「三元悖論」，即資本自由進出、自主的貨幣政策和固定匯率三者無法同時兼容，只能同時存在兩個。與同時保持資本自由進出和獨立貨幣政策的美國、日本和歐盟國家不一樣，中國為防範金融風險，限制了資本自由進出，保持了自主的貨幣政策和固定匯率。其次，匯率制度在中國不僅是一個國際貿易問題，而是直接關係到國內的社會穩定：一旦採取浮動匯率制度，中國製造業恐怕難以經得起強烈經濟波動，中國很可能

---

29　詳見：https://ticdata.treasury.gov/Publish/mfhhis01.txt。

面臨大範圍的工廠倒閉和工人失業的危機。

溫家寶在一次面對外國記者的採訪中，清晰地表達了中國的立場：「……我們將根據市場需求的變化來進一步加大人民幣浮動的彈性。但同時我們也必須考慮這種升值還是漸進的，因為它關係到企業的承受能力和就業，我們要保持整個社會的穩定。」[30] 對於美國而言，中國的匯率是一個全球貿易體系問題，但對於中國而言，其匯率政策關乎的是數億老百姓的民生。

「中國操縱匯率」的爭辯背後，是全球範圍內的資源錯配問題。首先，中國通過出口累積了大量美元外匯，但卻無法從美國購買所需的高科技產品，以至於中國不得不進行投資，把美元用於購買美債。其次，由於美元是國際貨幣，一直超發，導致中國持有的美債不斷貶值，進而造成了巨額投資收入逆差，不得不以貿易順差作為彌補。根據國家外匯管理局的報告，2013 年年末，中國的對外資產佔有 67% 是貨幣資產，其中大部分是美元；而在 2005 年至 2008 年期間，中國的投資收入連續錄得巨額逆差；2012 年的投資收入逆差更是達到了驚人的 2,132 億美元。[31] 結果是，中國巨額的對外出口無法換來相應的進口和財富。[32]

---

30　〈溫家寶：繼續堅持人民幣匯率形成機制的改革不動搖〉，新華網；引自：中國人大網，2011 年 3 月 14 日，http://www.npc.gov.cn/zgrdw/npc/dbdhhy/11_4/2011-03/14/content_1646452.htm。

31　國家外匯管理局國際收支分析小組：《2013 年中國國際收支報告》，國家外匯管理局，2014 年 4 月 4 日，第 16 頁。

32　對於這點的論述，參見：余永定：《最後的屏障：資本項目自由化和人民幣國際化之辯》，東方出版社 2015 年版。

美國人也對這種資源錯配的狀況感到焦慮。美國前財政部長勞倫斯‧薩默斯（Lawrence Summers）借用了「核恐怖平衡」的概念，把中美金融關係形容為「金融恐怖平衡」：[33] 中國作為一個以出口為主導的外向型經濟體，其發展過度依賴於對美出口，不斷補貼美國赤字；同時，美國為了維持龐大的消費和政府開支，因而也陷入了對中國補貼其赤字的依賴。美國形成了高消費、低儲蓄的經濟模式；與之對應，中國出現了低消費、高儲蓄的經濟模式；兩者形成所謂的「中美經濟聯合體」（Chimerica）。雖然中國顯然沒有理由惡意拋售美債，但是「中美經濟聯合體」下的貿易和金融不平衡是顯而易見的。人們不得不懷疑，這種狀況到底還能持續多久。如薩默斯所言：「當世界上最強大的國家成為了世界上最大的欠債國時，肯定是有些不對勁的。」[34]

　　讓華盛頓更焦急的是北京在朝鮮核危機的關鍵問題上「不當頭」。文本資料的缺失使我們難以跟蹤中國在朝鮮核危機上的外交政策決策過程，但從朝鮮現在已經成功擁有核武器的情況看來，中國與美國在解決朝鮮核危機上的合作是不成功的。作為《不擴散核武器條約》的締約國，中國並不是沒有作出相應的努力。2003 年年初，《美朝框架協議》失效後，中國一方

---

33　http://www.iie.com/publications/papers/paper.cfm?researchid=200.

34　Brad W. Setser, "The Balance of Financial Terror circa August 9, 2007," Council on Foreign Relations, August 9, 2007, https://www.cfr.org/blog/balance-financial-terror-circa-august-9-2007#:~:text=Summers%20defined%20the%20balance%20of,framed%20in%20more%20financial%20terms.

面派出特使訪朝，另一方面邀請美朝雙方來中國進行三方會談，並在 2003 年 4 月到 2007 年 10 月期間主持召開了一輪中美朝之間「三方會談」，以及六輪有日本、韓國、俄羅斯加入的「六方會談」。以和談為解決問題的契機和主要手段並沒有問題，中國努力外交斡旋的姿態也受到國際社會一定的好評。然而，中國除了在美朝之間擔當一個「和事佬」的角色外，似乎沒有更多、更積極的行動了。北京表面上對平壤的行為已經忍無可忍，甚至主動支持美國對其制裁，[35] 但強勢的話語背後並沒有同等強硬的懲罰作支撐。

中國對朝鮮的「不作為」很難說得上有戰略合理性。首先，亞洲是擁有核武器國家最多的大洲，中國面臨的安全環境本來就很嚴峻；如果讓朝鮮擁有了核武器，那麼日本和韓國也會順理成章地發展核武，將對中國構成更大的安全威脅。其次，如果美國對朝鮮採取過激的經濟制裁乃至軍事行動，很可能導致朝鮮政權崩塌，難民大量湧入中國，造成嚴重的人道主義災難。最後，如果中國不在朝鮮核危機上有所作為，美國會順水推舟，加強美朝、美日軍事同盟，以對應朝鮮核危機的名義，強化對中國的「圍堵」。事實上，美國就是這麼做的。

如何解決朝鮮核危機？一位學者曾評論認為，朝鮮發展核武的根本原因在於其不安全感，因此，為了解決這危機，中

---

35　聯合國安全理事會：《安理會第 5551 次會議逐字記錄》，2006 年 10 月 14 日，
https://www.un.org/chinese/focus/dprk/china.htm。

國必須為朝鮮提供政權安全和國家安全的保障。[36] 如果中國當時能果斷地為金氏政權提供無核狀態下的政權和國家安全，同時在經濟上幫助其改革開放，朝鮮危機是有迎刃而解的可能性的。但中國並沒有這麼做，而是堅持「六方會談」，強調各方必須落實《2‧13 共同文件》。為甚麼中國沒有在朝鮮核危機的過程中採取果斷的行動？有觀點認為，因為中國在改革開放後對朝鮮的政治影響力日漸衰弱；也有人認為，中國對於是否要公開為朝鮮這樣不講信用的政權提供安全保障，是有道德顧慮的。

但更深層的原因是，中國當時依然困於「韜光養晦」與「和平共處五項原則」的被動外交思想，沒有在決策層內部對國家利益形成科學的、共同的、清晰的認知。中國對自身國家利益定義的缺失，可以從一位中國外交官對「六方會談」的回顧中看出端倪。[37] 在一篇回應國際社會質疑中國對朝核危機「不負責」的文章中，她回應認為，「解鈴還須繫鈴人」，即朝核危機是美國與朝鮮之間的矛盾。文章反覆強調的是，朝鮮爆發核危機源於美朝之間的不信任；反觀中國，其為了調和雙方衝突，已經盡了「無微不至」的努力，甚至在一次會談中「想出辦法，在芳菲苑大廳的角落用屏風、綠植和沙發隔出幾個獨立的喝茶空間，用於會間休息，其中一個專門保留給朝美代表團對話用。」言下之意，中國的國際責任有限，在朝核危機的處理中

---

36　鄭永年：《中國國際命運》，浙江人民出版社 2011 年版，第 46 頁。

37　傅瑩：〈朝核問題的歷史演進與前景展望〉，載《理論參考》2017 年第 6 期。

最多能擔當一個「中間人」的角色。中國似乎是勉為其難地出面調停美朝，而從來不說自己到底想要甚麼。

從這位外交官的文章裏，我們無法清晰地看到，中國在朝核危機中需要維護甚麼樣的國家利益。相反，中國似乎完全是把朝鮮核危機當成是美國的問題，而非自身的問題，儘管危機就發生在家門口。

中國在朝鮮問題上的被動姿態，與中國的國際地位顯然是不相稱的。事實上，「不當頭」的被動外交思維給中國帶來了具有懲罰性的後果：2006 年 10 月 9 日，朝鮮完成了首次地下核爆試驗。就像美國通過與中國簽署聯合聲明來為「台獨」拖延時間一樣，朝鮮也在通過不斷地對中國作出表面性同意來為自身發展核武器拖延時間。至少處理在朝鮮核危機的問題上，中國外交呈現出了一副僅滿足於做「老好人」的形象，既沒有捍衛自身的國家利益，也沒有站在區域安全的高度去履行大國的國際責任。在沒有對國家利益形成客觀認識的情況下，中國只能以「陰謀論」揣測美國要求中國積極應對朝核危機背後的目的，而沒有在其中看到中美雙方在國家安全利益上的交集。如今，朝鮮發展核武器的趨勢已不可逆轉；美國也以朝鮮擁核為藉口，加強美日韓三國之間的軍事同盟，這使中國在東北亞面臨的安全壓力日益嚴峻。中國在改革開放後，除了鄧小平，鮮有具備長遠目光的政治家。雖然說隨着外交工作者知識水平的提升，中國外交工作越來越國際化、精緻化，但整個外交決策過程也開始變得複雜化和碎片化，亟需強而有力的領導者站出

來，對相互競爭的部門、議程和戰略思維進行整頓。

胡錦濤等領導人意識到，中國需要改變被動外交帶來的不利狀況，必須提出更系統、更科學、更有主張的外交戰略。中國需要發展出解釋自身的能力，定義自身的國家利益與國際責任，而不是被動地接受或反對美國給中國開的「責任清單」。在 2006 年 8 月 21 日的中央外事工作會議上，胡錦濤開始整頓有關中國國家利益的定義：「國家利益最主要的就是發展利益和安全利益。這兩者是有機統一的，發展是安全的基礎，安全是發展的保障。」[38] 胡錦濤還特意強調中國必須「努力掌握外交主動權」，[39] 並要着重注意「區分和把握核心利益、重要利益、一般利益」。[40] 其中，「核心利益」指的是國家主權、領土完整和政權安全，關乎國家的生存，是不可以妥協與讓步的；「重要利益」指的是經濟、文化和政治等諸多方面，關乎國家的發展，有一定的妥協和讓步空間；「一般利益」所指範圍更廣泛，也更具有可妥協性。胡錦濤的國家利益理論創新，使中國外交工作者和學者從此能夠對中國國家利益作更科學、系統的探討，同時在一定程度上減少了國際社會對中國的猜疑。

對於中國的國際責任，胡錦濤給出的方子是「和諧世界」理念，其內涵是在不挑戰美國霸權的前提下，積極支持世界秩序向多極化發展。「和諧世界」的政策內涵有四個核心要素：

---

38　胡錦濤：《胡錦濤文選（第二卷）》，人民出版社 2016 年版，第 509 頁。
39　同上。
40　同上，第 519 頁。

第一，加強集體安全；第二，促進多邊貿易；第三，尊重文明多樣性；第四，維護聯合國權威。[41]「和諧世界」可說是中國「和諧社會」治國思維的國際化，其主旨在於關注發展不平等和民生問題。在「和諧世界」戰略思維的引導下，中國開始更積極並加大對非洲的援助力度，並與拉美展開更深入的外交關係。2006年3月，中國在「十一五」規劃綱要中明確提出要「增強中國對其他發展中國家的援助，進一步加強與發展中國家的經濟技術合作。」同年11月4日的中非論壇上，胡錦濤更宣佈，將把對非洲的援助規模增加一倍，同時設立中非發展基金，幫助非洲發展。2000年至2010年間，中國先後與50個國家簽署了免債議定書，免除到期債務380筆。[42] 在2008年11月訪問秘魯期間，胡錦濤在題為〈構築中拉全面合作夥伴關係〉的演説，向拉美人民闡述了中國和平發展的外交理念：「求和平、謀發展、促合作已經成為不可阻擋的時代潮流。」[43]

但恰如一戰後的美國在英國衰落之後依然固守孤立主義一樣，中國對自身國際責任的定義依然十分謹慎。胡錦濤在2006年的外交工作會議上強調：「我們現階段的首要任務，就是聚精會神搞建設、一心一意謀發展，不斷增強我國綜合國力，不斷

41　胡錦濤：〈努力建設持久和平、共同繁榮的和諧世界〉，聯合國成立60週年首腦會議舉行第二次全體會議，中華人民共和國外交部，https://www.fmprc.gov.cn/123/wjdt/zyjh/t212359.htm。
42　任曉、劉惠華：《中國對外援助：理論與實踐》，格致出版社2017年版，第179頁。
43　胡錦濤：《胡錦濤文選（第三卷）》，人民出版社2016年版，第142頁。

改善我國人民生活。這個道理，任何時候都不能忘記。」[44] 雖然當時中國領導層已經開始對「韜光養晦」有所檢討，而且提出了「和諧世界」的新主張，但中國外交還沒有完全脫離以經濟建設為中心的思維定勢。中國對自身國際責任的真正覺醒，發生在 2008 年的世界金融危機之後。

2008 年年末，世界經濟陷入了比 1930 年代「大蕭條」更嚴重的危機。2001 年起，美國房地產相關金融衍生品層出不窮，大量銀行和金融機構向低收入、無法償還房貸的高風險用戶發放次級貸款。1995 年，美國次貸規模總共 600 多億美元，但 2003 年攀升到了 4,000 億美元，2006 年劇增至 1.5 萬億美元；次級貸款在房屋抵押貸款中的比重也從 1999 年的 2% 左右增至 2006 年的近 15%。次級貸款的發放推高了美國房地產價格，美國出現房地產泡沫，為後來的全球金融危機埋下伏筆。2004 年，為了給房地產降溫，美聯儲連續 17 次提高利息，加重了購房者的還貸負擔；兩年後（2006 年），美國房地產泡沫逐漸破裂，房地產開始貶值，大量次貸購房者無法償還貸款，銀行和金融機構也出現了大量壞賬，美國家庭過度負債的問題開始暴露。當時，美聯儲主席伯南克保守地認為，美國房價飛漲並非泡沫經濟的迹象。但事實很快證明他的判斷是錯誤的：2008 年 9 月 15 日，雷曼兄弟公司申請破產；同日，美國第三大投行美林公司被美國銀行收購；2008 年 7 月至 2009 年 3 月期間，美國股市蒸發了近 7.4 兆美元。在隨後的幾個月裏，美國次貸房

---

44　胡錦濤：《胡錦濤文選（第二卷）》，人民出版社 2016 年版，第 518 頁。

屋信貸危機傳導到了日本、歐洲、拉美等與美國金融體系緊密聯繫的國家和地區。美國、英國、法國、德國和日本等發達經濟體在 2008 年至 2009 年都陷入了 GDP 負增長；冰島、希臘等小國的金融系統甚至陷入了癱瘓。大規模的全球經濟衰退直接導致全球經濟停擺：2009 年，世界範圍的貿易額度減少 9%；全球 FDI 則同比減少了超過 20%；全球經濟更是陷入了衰退，2008 年的 GDP 增長率僅為 2.1%。[45]

金融危機爆發後，國際社會開始反思「華盛頓共識」。冷戰後，隨着經濟發展成為了國際關係的主要課題，美國對國際社會的領導權集中體現了在對發展模式的定義權上，而「華盛頓共識」則是美國為發展中國家開出的「藥方」。1989 年，IMF、世界銀行和美國財政部在 1989 年就解決拉美國家債務危機問題提出的宏觀經濟政策建議，其核心要義在於開放市場、私有化、金融自由化、財政緊縮政策和放鬆監管。雖然「華盛頓共識」的提出者約翰・威廉姆森（John Williamson）本人從未把其當作一種發展理念，[46] 但「華盛頓共識」後來卻還是被簡單詮釋為「經濟開放加金融自由化」，並被西方政客包裝成一種具

---

45　根據世貿的標準，全球 GDP 增長的基準線為 2.6%。低於此意味着全球經濟進入衰退。

46　必須指出的是，「華盛頓共識」的提出者約翰・威廉姆森本人並不反對加強政府對經濟的介入。事實上，「華盛頓共識」在成為一個廣為流傳的經濟學概念後，出現了嚴重的概念泛化，被簡單地認為是「市場自由化」的代言詞。有些人甚至認為這是美國為控制發展中國家而提出的經濟學陰謀。到了 2000 年末，「華盛頓共識」的含義已離威廉姆森在 1989 年提出的十條經濟政策越來越遠。更多有關華盛頓共識的歷史，參見：John Williamson, "A Short History of the Washington Consensus", *Law & Bus. Rev. Am.*, 15, 7., 2009; Moisés Naím, "Washington Consensus or Confusion?", *Foreign Policy (Spring)*, No.118, 2000, pp.86-103。

有普遍性的發展模式乃至意識形態，推行至世界其他發展中國家，以確保世界體系可以繼續以有利於美國跨國企業和資本的方式運作和擴張。[47] 事實上，那些採納了「華盛頓共識」的發展中國家，比如阿根廷、俄羅斯和烏干達，並沒有取得很好的發展成果。相反，採取了與「華盛頓共識」相悖政策的東亞國家，特別是中國，卻獲得了長足的發展。1990 年代的亞太金融危機更是給了全世界發展國家一個教訓：開放的金融市場加上監管的缺乏等於金融災難。

金融危機讓國際社會再次見證了國際金融秩序的不平等。受金融危機衝擊最大的，主要是東歐和拉美等曾積極採納「華盛頓共識」的發展中國家。烏克蘭、阿根廷、匈牙利和波蘭的股市都蒸發了超過一半（見表三）。在高度金融自由化下，這些國家有着繁榮的虛擬經濟的繁榮和羸弱的實體產業，難以抵禦資本主義的週期性震盪。相比之下，美國雖然是 2008 年金融危機的發源地，但卻是遭金融危機衝擊最小的國家之一（見表四）。

美國作為「華盛頓共識」的倡導者，在陷入危機後完全沒有遵守新自由主義經濟原則：在 1997 年亞太金融危機時，美國建議亞太國家忍受重創、重組金融部門和調整法律法規；但在 2008 年金融危機爆發時，美國卻實施了實際上屬於印鈔票的「量化寬鬆」（QE）政策，從 2008 年 11 月至 2010 年 3 月期間，

---

47　Moisés Naím, "The Washington Consensus: A Damaged Brand", *Financial Times*, 28, October 2002.

表三 受 2008 年金融危機影響最大的十個國家（2008 年 9 月至 2009 年 5 月）

| 排名 | 國家 | 貨幣貶值 | 股市 | 信用風險 |
|------|------|----------|------|----------|
| 1 | 烏克蘭 | -59.9 | -66 | 733 |
| 2 | 阿根廷 | -21.4 | -58 | 735 |
| 3 | 匈牙利 | -18.9 | -58 | 283 |
| 4 | 波蘭 | -35.2 | -53 | 127 |
| 5 | 牙買加 | -20.4 | -51 | 439 |
| 6 | 加納 | -28.0 | -35 | 448 |
| 7 | 俄羅斯 | -22.0 | -44 | 144 |
| 8 | 哈薩克斯坦 | -26.0 | -34 | 167 |
| 9 | 保加利亞 | -1.5 | -51 | 175 |
| 10 | 墨西哥 | -22.6 | -35 | 73 |

數據來源：卡內基國際和平基金會。[48]

發放了 1,750 億美元銀行機構貸款，購買了 1.25 萬億美元的不動產抵押貸款債券，以解決流動性枯竭的問題；當美國國際集團（AIG）瀕臨破產時，聯邦儲備局給予其 850 億美元借貸；2010 年 11 月至 2011 年 6 月期間，美聯儲又購買了 6,000 億美元的長期國庫券。[49]

---

48 同上。

49 Michael T. Kiley, "Quantitative Easing and the 'New Normal' in Monetary Policy", *Finance and Economics Discussion Series 2018-004*, Washington: Board of Governors of the Federal Reserve System, 2018, p.1.

**表四　受 2008 年金融危機影響最小的十個國家（2008 年 9 月至 2009 年 5 月）**

| 排名 | 國家 | 貨幣貶值 | 股市 | 信用風險 |
|------|------|---------|------|---------|
| 1 | 中國 | 0.3 | -11 | -31 |
| 2 | 日本 | 9.2 | -17 | -5 |
| 3 | 美國 | 0.0 | -24 | 0 |
| 4 | 南非 | 1.5 | -20 | 39 |
| 5 | 秘魯 | -0.4 | -15 | 42 |
| 6 | 菲律賓 | -0.1 | -21 | 53 |
| 7 | 馬來西亞 | -0.9 | -12 | 81 |
| 8 | 德國 | -1.2 | -34 | 0 |
| 9 | 哥倫比亞 | -3.4 | -10 | 63 |
| 10 | 法國 | -1.2 | -34 | 11 |

數據來源：卡內基國際和平基金會。[50]

　　美聯儲的做法無異於「轉嫁赤字」。美元是國際流通的貨幣，因此美聯儲的量化寬鬆實際上造成了美元貶值，導致了其他國家貨幣升值的壓力。在美聯儲量化寬鬆的壓力下，日本、英國、歐盟等國家和地區的央行紛紛被迫效仿，實施自己的量化寬鬆政策。全球性的量化寬鬆政策帶來了全球性的過量流動

---

50　Uri Dadush, Lauren Falcao & SHimelse Ali, "The Unequal Impact of the Economic Crisis", Carnegie Endowment for International Peace, 9, July 2009, https://carnegieendowment.org/2009/07/09/unequal-impact-of-economic-crisis-pub-23385.

性。大量國際資本湧入新興經濟體，造成了發展中國家的經濟泡沫；當美聯儲解決了美國的經濟問題時，資本又將回流到美國，導致全球不平等固化、全球經濟的系統性危機加劇，發展中國家大量企業倒閉或陷入債務困境。[51] 華爾街的金融機構「大而不倒」，但發展中國家卻被迫承受了全球金融危機帶來的高昂代價。

中國以相對穩健的姿態走出了全球金融危機。危機發生後，中國政府推出了新增總額達 4 萬億元的兩年投資計劃，主要投向鐵路交通、水利、保障性住房等與民生相關的基礎設施項目，有力地維持了中國經濟的正增長和實體經濟的穩定運行。雖然說中國的出口貿易在全球經濟衰退下嚴重受挫，[52] 但由於中國並沒有向國際開放金融市場，中國的金融體系沒有遭到太劇烈的衝擊。事實上，中國是整個金融危機中受負面影響最小的國家之一，也是全球信用風險最低的國家（見表四）。金融危機顯示了中國反思被動外交的必要性。中國作為深深嵌入世界體系中的一員，不可能永久倖免於國際金融秩序的週期性震盪。國際社會，特別是發展中國家，需要一個更公平、安全的國際經濟秩序。中國有必要以治理金融危機為契機，對全球治

---

51　Rodrigo Fernandez, Pablo Bortz & Nicolas Zeolla, "The politics of quantitative easing: A critical assesment of the harmful impact of European monetary policy on developing countries", *SOMO Amsterdam*, 2018, pp.14-20.

52　2009 年 1 月至 2 月，規模以上工業生產增長速度下滑到 3.8% 的低點，企業利潤出現了 37.3% 的負增長。參見：張衛華、江源、原磊、于建勳《中國工業經濟增長動力機制轉變及轉型升級研究》，國家統計局統計科學研究所，2015 年 6 月。

理提出訴求，建立一個更為公正、平衡、有利於發展中國家的國際金融秩序。這一設想被落實在了金融危機爆發後國際社會對國際貨幣基金組織（IMF）和世界銀行的改革中。在 2009 年 3 月的倫敦金融峰會上，中國連同巴西、印度和俄羅斯四個「金磚國家」，共同向 IMF 提出應該「提高發展中國家代表性和發言權」，「促進國際貨幣體系多元化、合理化。」[53] 同年 9 月，中國宣佈認購 500 億美元的 IMF 債券，力圖提高中國在 IMF 內的話語權。翌年 10 月，二十國集團（G20）財長和央行行長會議在韓國慶州舉行的會議上達成聯合聲明，決定提高中國、印度、巴西和俄羅斯在 IMF 的份額（即向 IMF 出資的最高限額和投票權）。此後，中國在 IMF 的份額從 3.72% 提升至 6.19%，僅次於美國和日本。同樣地，在向世界銀行增資後，世界銀行於 2010 年 4 月 25 日通過改革方案，把中國的投票權從 2.77% 提升至 4.42%。中國在世界銀行的投票權超過德國、英國、法國，僅次於美國（15.58%）和日本（6.84%）。[54] 此後，中國在 IMF 和世界銀行這兩大國際金融組織中都成為了第三大股東。

中國開始有意識地向國際社會提供公共產品。相應地，國際社會也再次對「中國的國際責任」展開探討。美國民主黨中

---

53　胡錦濤：〈二十國集團領導人第二次金融峰會在倫敦舉行　胡錦濤出席並發表重要講話〉，中華人民共和國外交部，2009 年 4 月 3 日，https://www.fmprc.gov.cn/web/gjhdq_676201/gjhdqzz_681964/ershiguojituan_682134/xgxw_682140/t555763.shtml。

54　Gerald Chan, Pak K. Lee and Lai Ha Chan, *China Engages Global Governance: A new world order in the making?*, 2012, Routledge, p.65.

間派，如佐利克和布熱津斯基，提出了所謂「G2」，即中美共治的方案。[55] 這個看上去十分抬舉中國的說法，事實上對中國非常不利。在經濟上，中美共治很大程度上等同於繼續維持「中國生產，美國消費」的畸形雙邊經貿模式。在政治上，中美共治則意味着美國為中國開責任清單，讓中國為美國「打工」，而美國卻不用在關鍵問題，如台灣問題上讓步。胡錦濤在一次談話中，就旗幟鮮明地指出，雖然國際金融危機把中國推上了國際社會討論和處理重大問題的前台，但中國的外交「要高度警惕國際上出現的過度高估我國實力，過分誇大我國作用，過度渲染我國影響的傾向」。[56] 中國領導人並沒有因為中國在金融危機後的國際地位提升而被衝昏頭腦。他們對中國的國力保持着客觀、謹慎的認知。

國際社會的呼聲使國內的國際關係學者不得不開始加緊研究中國外交如何「有所作為」。這一討論在 2009 年至 2011 年尤為激烈，其參與者分為「謹慎派」和「積極派」。[57] 前者強調「韜光養晦」的重要性，認為中國依然是一個情況複雜的發展中國家，還不具備向國際社會提供公共產品的能力。一位學者就指出，「中國國際責任論」的說法語焉不詳，沒有界定清楚中國應

55　Robert B. Zoellick and Justin Yifu Lin, "Recovering Rides on the 'G2'", *The Washington Post*, April 1, 2009; Zbigniew Brzezinski, "Moving Toward a Reconciliaiton of Civilizations", *China Daily*, January 15, 2009, p.9.

56　胡錦濤：《胡錦濤文選（第三卷）》，人民出版社 2016 年版，第 285 頁。

57　更多有關這一問題的爭鳴，參見：徐進、李巍：《改革開放以來中國對外政策變遷研究》，社會科學文獻出版社 2017 年版，第 119 頁。

該對誰負責、如何負責和負責的目的三大問題。貿然地去響應國際社會號召承擔國際責任，是對自己國民不負責任的行為。[58]積極派則更強調「有所作為」，認為「韜光養晦」是一個階段性戰略而非教條，「不能管一百年」。[59]在「積極派」看來，中國已經成為了「具有全球影響力的大國」，[60]但是對國際社會提供的公共產品「少之又少」。[61]僅從中國自身發展的需要去看全球治理，不僅與中國的地位和能力不相符，而且將使中國在國際關係中喪失主動權。[62]中國國內一位比較有國際影響力的國際關係學者更是直截了當地提出，中國應該成為一個「仁慈的權威」。[63]

　　「積極派」在這場辯論中佔了上風，其意見也受到了中央領導層的認可。在 2009 年 7 月的駐外使節會議上，胡錦濤着重強調應「積極有所作為」，承擔更多與中國國力相稱的國際責任。[64]在身份上，中國自我定義為「負責任的發展中大國」，把推動國際秩序改革與完善作為己任。[65]隨着，中國領導層開始有意識地檢討「韜光養晦」的必要性，中國承擔國際責任的意

58　王義桅：〈莫讓「中國責任」給忽悠掉了〉，載《世界知識》2007 年第 22 期，第 64 頁。

59　〈對韜光養晦要具體分析 —— 專訪中國人民大學國際關係學院美國研究中心主任時殷弘教授〉，載《南風窗》2010 年第 22 期，第 35-36 頁。

60　任曉：〈研究和理解中國的國際責任〉，載《社會科學》2007 年第 12 期，第 27 頁。

61　王逸舟：〈中國外交十難題〉，載《世界知識》2010 年第 10 期，第 17 頁。

62　呂曉莉：〈「中國責任論」語境下的「負責人大國」外交理念淺析〉，載《當代世界與社會主義》2009 年第 4 期，第 13 頁。

63　閻學通：〈中國應承擔與自身地位匹配的責任〉，《國際先驅導報》2011 年 5 月 5 日。

64　胡錦濤：《胡錦濤文選（第三卷）》，人民出版社 2016 年版，第 235 頁。

65　羅建波：〈負責任的發展中大國：中國的身份定位與大國責任〉，載《西亞非洲》2014 年第 5 期。

願也日漸提高。

　　中國外交思維的轉變由兩個結構性因素引發，一是中國在世界體系中地位的變化，二是中國與國際社會核心國家的矛盾。首先，中國的人口和經濟活力決定了中國的經濟擴張必然對全球價值鏈的分工和全球財富的分配造成結構性改變。在2010年，中國超過日本，成為了全球GDP僅次於美國的經濟體；許多權威機構和學者都認為，中國超過美國成為世界第一大經濟體只是時間問題。但中國崛起不僅意味着一國經濟總量的擴大，更是世界經濟秩序的改變。一項建立在世界銀行數據的研究表明，如果根據人均國民收入（GNI per capita）計算的話，在1990年以前，世界體系是一個典型的「金字塔」結構：佔人口最少的發達國家集中在世界體系的核心，而人口眾多的發展中國家集中在邊緣位置。[66] 然而，在2010年，世界體系的分佈已經發生明顯變化：擁有世界人口五分之一的中國已經進入了世界體系的半邊緣區域（見圖二）。這意味着，維持世界體系的政治安排將受到前所未有的衝擊。世界體系理論代表人物之一、政治經濟學家喬萬尼‧阿里吉曾在1994年就寫道：「中國的經濟擴張給全球財富等級制度帶來的顛覆，比過去所有東亞經濟『奇迹』加在一起都要大。」[67]

---

66　Marilyn Grell-Brisk, "China and global economic stratification in an interdependent world", *Palgrave Communications*, 2017, p.5.

67　G. Arrighi, *The Long Twentieth Century: Money, Power and the Origins of our Times. New Edition.* Verso: New York, 1994, p.386.

圖二　中國在世界體系中位置的變化對比，1990 年與 2010 年

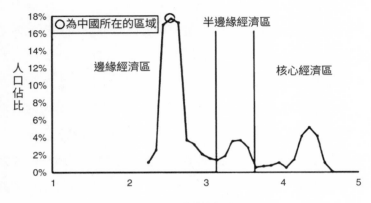

1990 年本地居民人均總收入

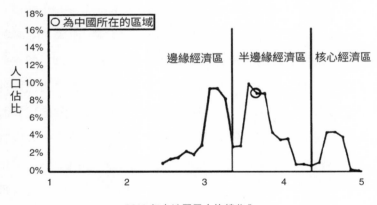

2010 年本地居民人均總收入

數據來源：世界銀行。[68]

---

68　引自：Marilyn Grell-Brisk, "China and global economic stratification in an interdependent world", *Palgrave Communications*, 2017, p.5。

中國進入世界體系半邊緣區域，引發了推動中國外交思維轉向的第二個結構性因素：中國與國際社會核心國家，特別是美國等國家之間的矛盾。國際社會是世界體系核心國家維護全球財富分配的政治安排。對於美國等國家而言，如何「吸納」中國，是國際社會核心國家共同面對的重要課題。美國等國家難以「吸納」中國，一方面固然是因為中國人口龐大，難以被世界體系的核心經濟區所容納；另一方面則是因為，中國是一個社會主義國家，其政治制度不同於以自由民主主義為意識形態底色的國際社會核心國家。

　　美國在 1978 年後，一直對中國實施「接觸政策」，希望中國在政治上逐漸走上西式民主道路。支撐接觸政策的是這種信念：民主制度是一個國家取得發展和成功的必要條件，因此，中國為了保持發展，在政治上終有一天會走上西式民主的道路。這一信念在 2008 年金融危機後遭到了顛覆。國際社會發現，採納「華盛頓共識」的國家陷入癱瘓，但不那麼「民主」的中國卻成功應對了危機。這對美國的國際政治領導力造成了空前挑戰。對美國而言，一個社會主義國家取得經濟成就，對自由民主主義的價值是巨大威脅。

　　隨着美國失去了把中國納入國際社會的信心，美國對華接觸政策也宣告破產。取而代之的是制衡政策。奧巴馬在上任不久後，就開始着手實施「亞太再平衡」和「重返亞太」戰略，力圖在軍事、經濟和意識形態競爭三大方面制衡中國。軍事上，美國開始介入南海，並通過「自由航行任務」以及對菲律賓、

越南等國給予軍事支持的方式，挑戰中國在南海的主權。在 2010 年和 2011 年，美國對台售武總額分別高達 69.9 億和 58.5 億美元。日本在加強與美國軍事聯盟的同時，國內右翼分子(如石原慎太郎)開始鼓動民粹主義情緒，展開「購買」釣魚島的行動。日本政府最終在 2012 年 9 月宣佈把中國領土釣魚島「國有化」。經濟上，華盛頓國會裏有關與中國「經濟脫鈎」的聲音越來越烈，奧巴馬更是開始謀求在亞太建立一個由美國領導、排除中國的經濟一體化協定 —— 跨太平洋貿易夥伴協定 (TTP)。意識形態方面，藉着 2011 年的「阿拉伯之春」，美國不留餘力地為藏獨、疆獨、台獨和港獨勢力提供外交護持。中國面臨着前所未有的經濟競爭、安全威脅和意識形態挑戰。

當美國的戰略重心離開中東並重返亞太時，中國被動外交的弊病開始突顯。一個顯著的例子是中國在南海問題上的躊躇。在美國「重返亞太」戰略的護持下，越南、馬來西亞等與中國在南海有所爭端的國家開始變得主動。但正如一位研究中國南海戰略的學者指出，在 2009 年至 2013 年期間，中國在南海問題上戰略不明確，其行動主要被各部門之間的競爭和國際環境變化所驅動。[69] 首先，中國內部對南海並沒有形成統一的國家利益觀。根據國外媒體在 2010 年 4 月的報導，中國官員在與美國國家安全委員會成員進行閉門會談時指出，南海是中

---

69　Feng Zhang, "China's Long March at sea: explaining Beijing's South China sea strategy, 2009-2016", *The Pacific Review*, 2019, p.12.

國的核心利益；[70] 但很快有國內學者提出，中國應該謹慎地使用「核心利益」一詞。[71]2010 年 9 月 21 日的例行記者會上，當被問及中方是否表示南海是「核心利益」時，外交部發言人沒有十分明確地對南海是否中國核心利益作明確的表述，而是回應，「各國都有核心利益」。外交部的回應，一方面展現了中國外交工作者謹慎的智慧，但也暴露了中國內部對南海問題缺乏戰略共識的弱點。2009 年 5 月 6 日，越南和馬來西亞共同向聯合國提交了《馬來西亞與越南社會主義共和國聯合提交大陸架界限委員會的文件》，宣稱對中國在南海的領海擁有主權；中國外交部作為回應，於 5 月 7 日提交了《就馬來西亞和越南向大陸架限界委員會聯合提交文件呈交聯合國秘書長的普通照會》和一份含有九段線的地圖，抗議前者侵犯中國主權。但是令人困惑的是，中國外交部沒有使用中華民國於 1947 年提出的「十一段線」位置圖，也沒有明確指出九段線的具體地理座標。雖然外交部非常及時地對越南和馬來西亞侵犯中國主權的行為作出了反擊，但這種反擊建立在快速的被動反應，而非事先戰略謀劃的基礎上。其次，外交部也並非決定中國南海問題戰略走向的唯一行動者。外交部的目標是維持南海的穩定（「維穩」），但其他相關部門，如中國海監總隊、中國漁政、中國海

---

70　Edward Wong, Chinese Military Seeks to Extend Its Naval Power, *New York Times*, April 23, 2010.

71　朱峰：〈南中國海為何成為「核心利益」？〉，聯合早報網，2010 年 8 月 23 日；〈中國「核心利益」不宜擴大化〉，載《國際先驅導報》，2011 年 1 月 10 日，第 24 版。

事局以及中國海警等部門，乃至中國解放軍，對南海問題持有自己的看法，認為中國的南海問題應對應把重點放在維護主權（「維權」）。由於戰略主張和利益的分歧，各部門間的議程和行動無法得到統一協調，甚至作出與外交部說法不完全一致的行動。結果是，中央的外交權被部門之間的競爭所消耗，難以對南海危機實施有效管控。在如何應對南海危機的問題上，中國外交展現出的戰略協作和預備能力並不高。

和中國在其他領域的政治決策機制一樣，中國的外交政策決策機制在鄧小平時期經歷了官僚化和專業化。雖然決策權還是掌握在國家領導人手中，但具體工作被分配到了各個部門。這種模式的優勢是外交工作變得更加系統、細緻和專業。而且，隨着中國外交工作的國際化、複雜化和多元化，官僚化和專業化也是中國外交的必經階段。但這種模式存在決策機制碎片化的弊病。對於像中國、美國這樣需要在國際關係中掌握主動的大國而言，外交決策機制碎片化會對危機管理和重大戰略決策造成嚴重阻礙。美國領導人為了克服碎片化的弊端，在處理重大外交決策時往往要繞開國務院、國會、五角大樓等官僚部門。1971 年尼克遜繞開國會訪華就是一例。金融危機後，中國面臨着與既要美國競爭，又要承擔國際責任的雙重挑戰。儘管胡錦濤很清楚中國外交面臨的困境，並在其在任後期提出了應辯證地看待「韜光養晦」與「有所作為」之間的關係，但是他所掌控的政治資源並不允許他對中國外交模式作出非常有效的改革。一方面，中國國家治理的主要矛盾在於發展和分配。胡錦濤的

施政重點始終在國內而非國外。另一方面，胡錦濤手上相對有限的政治資源，決定了他必須規避政治風險，保持謹慎的作風，維持決策體系現有的架構，否則將流失來之不易的執政根基。但對於中國的外交工作而言，維持現狀相當於保持了碎片化的弊病。直至胡錦濤在任晚期，中國外交依然缺乏系統的頂層設計和高效的部門間協調機制，而這點恰恰是大國外交戰略實施的組織基礎。胡錦濤時代中國外交的短板，將被習近平所彌補。

# 第十章

# 習近平外交：從「有所作為」
# 到「奮發有為」

    習近平是中國改革開放以來少見的、有擔當的強人型政治家。據一些媒體報導，他的愛好是足球和圍棋。兩者一動一靜，都講求對場面的閱讀和控制力。日本駐中國大使宮本雄二對習近平的印象是，「不囉嗦，擅長聽取他人意見，能感覺到他的膽力。他是中國式的君子。」[1] 李光耀在談到習近平時說：「他是個沉穩的人，這並非是說他不會跟你談論事情，我的意思是他不會出賣他的喜愛與厭惡，或許你說了一些讓他感到不快的話，他也只會經常掛上一張笑臉。他的靈魂部分堅硬如鐵。」[2]

---

1    宮本雄二：《習近平の中国》，新潮新書 2015 年版，第 160 頁。

2    BBC 中文網：〈特稿：剪不斷理還亂　李光耀的中國情結〉，2015 年 3 月 22 日，https://www.bbc.com/zhongwen/simp/indepth/2015/03/150322_liguangyao_china。

習近平「堅硬如鐵」的性格特點，充分地展現在了他落實反腐行動、確立中央政治權威的過程中。習近平在 2012 年十八大接任國家主席後，開始一系列深化改革措施。和他的前輩鄧小平一樣，改革首先從內部開始。改革開放以來，既得利益集團一度阻礙着中國的改革開放和法治建設的進一步推進。這個問題在江澤民和胡錦濤時代都沒有得到根本解決。其中，石油利益集團與部分黨政高層幹部結黨營私，不僅濫用職權、貪贓枉法，而且泄露國家機密、破壞黨中央的政治紀律。前中央政法委書記周永康是這個利益集團網絡的中心節點。他連同前重慶市委書記薄熙來、前中央軍委副主席徐才厚和前中央統戰部部長令計劃通過在經濟系統、軍隊系統和政法系統安插自己的人馬，形成了威脅國家政權安全的利益集團。

薄熙來在 2012 年初因政治醜聞泄露後被依法逮捕。藉此機會，在黨中央於 2012 年十八大選舉出中央紀律委員會並頒佈了《中央八項規定》後，習近平與王岐山聯手帶領中紀委迅速展開了進一步反腐運動，並對前中央政法委書記周永康立案調查。在四川省和中石油的多名官員落馬之後，周永康貪腐的證據在 2013 年年末被中紀委掌握。2014 年 7 月 29 日，中共中央對周永康正式立案審查，最終查處其財產至少人民幣 900 億元。周永康成為了自懷仁堂事變以來被捕職位最高的高官。他的另外兩名盟友，令計劃和徐才厚，一個被捕，一個病逝。

腐敗問題一直在腐蝕着國民經濟和共產黨的執政根基。通過這場疾風驟雨的反腐行動，習近平為核心的黨中央領導

班子掃除了改革開放的政治障礙，贏得了廣泛社會支持，並鞏固了中央政府的權威和行政權力。習近平的領導班子能夠按照中國的國家利益，而非利益集團的利益來進一步深化改革開放。

習近平執政思路的一大特點是強調「頂層設計」。頂層設計本是一個建築學術語，指的是對建築項目在各部分、要素和任務的總體規劃。在國家治理中，習近平的「頂層設計」強調中央政府對地方政府和部門在施政上的指導作用。在十八大，習近平起草了《中共中央關於全面深化改革若干重大問題的決定》，提出了完善現代市場體系、建設開放性經濟體、加強法治建設、深化國防和軍隊改革的總體方案。按照「頂層設計」的設想，以習近平為核心的黨中央領導班子將為中國深化改革設定總體目標，而所有子系統和部門都將圍繞着實現這一總體目標來展開工作，力圖規避各部門無效競爭、各自為政和缺乏協調的弊病。「摸着石頭過河」的試錯階段已經結束，中國新時期的改革開放將變得更有戰略意識和目標。

國防和軍隊是習近平政府推動深化改革的第一重點。2013年11月，中共十八屆三中全會提出了「要深化軍隊體制編制調整改革，推進軍隊政策制度調整改革，推動軍民融合深度發展」，並將軍隊改革納入了全面深化改革的總體佈局。徐才厚、郭伯雄等軍內貪腐者的落馬，為習近平的軍隊改革掃平了障礙。在 2015 年 9 月 3 日的紀念中國人民抗日戰爭暨世界反法西斯戰爭勝利 70 週年大會上，習近平宣佈，中國將裁軍 30 萬

人。翌年，中國人民解放軍的七大軍區體制被撤銷，取而代之的是五大戰區體制，均由中央軍委統一領導。改組後，海軍、空軍地位得到大幅提升，以適應中國在西太平洋的安全挑戰。

中國軍隊的精神氣質也開始變得更加外向。除了中部戰區外，中國人民解放軍為東南西北四大戰區都設定了「戰略方向」，以應對來自國外的安全威脅：東部戰區對應第一島鏈的台灣、釣魚島列嶼、沖繩、日本等；南部戰區對應南海、東南亞；西部戰區對應中亞和南亞；北部戰區對應朝鮮半島。中國的陸軍得到了有效精簡，並被要求加強與海軍、空軍協同作戰能力。隨着海陸空三軍的比例得到優化，中國解放軍變得更為現代化和具有主動性；它在必要的情況下，將擔任起向海外投射安全力量的任務，而非僅是保衛腳下的領土。軍隊的政治忠誠度也成為了改革的重點。2013 年 3 月 11 日，習近平在解放軍代表團全體會議上發表講話，要求「堅持黨對軍隊絕對領導的根本原則和人民軍隊的根本宗旨不動搖，確保部隊絕對忠誠、絕對純潔、絕對可靠，一切行動聽從黨中央和中央軍委指揮。」[3]2015 年，習近平本人擔當主席的中央軍委經過調整，從原來的四總部改為 15 個職能部門，稀釋了原先四大總部的權力，強化了中央軍委對軍事部門的領導，實現了「以黨領軍」。

---

3 〈習近平出席解放軍代表團全體會議並發表重要講話〉，2013 年 3 月 11 日，共產黨員網，http://news.12371.cn/2013/03/11/VIDE1363001402586481.shtml。

習近平集中行政權力的另一個舉措，是通過設置中央國家安全委員會和多個與國防外交事務相關的「領導小組」，改善外交決策機制碎片化和各部門間不協調的問題。首先，2013 年11 月，習近平宣佈成立「中央國家安全委員會」（國安委），目標是建立統一的國家安全體系。江澤民在 1997 年訪美後，就有意效仿美國的國家安全委員（NSC）設置中國國安委，但這一計劃遲遲未能落實。事實上，在國安委成立前，中國的國內外安全事務，是分別由黨、政府和軍隊乃至中國社會各個部門分別負責處理的，缺乏統籌協調。從人員構成上看，國安委的主席為習近平，副主席為李克強和張德江，足見該組織的政治分量。在 2014 年的國安委第一次會議上，習近平進一步加強頂層設計，提出了「集十一個安全於一體」的總體安全觀理念。這其中包括：政治安全、國土安全、軍事安全、經濟安全、文化安全、社會安全、科技安全、信息安全、生態安全、資源安全、核安全。總體安全觀中，只有四種概念（政治、國土、軍事、核）屬於傳統安全理念範疇，其餘都屬於非傳統安全，幾乎涵蓋了內政外交的各個方面。

其次，新的領導班子成立了中央維護海洋權益工作領導小組，有效整頓了中國在應對海洋問題中的「條塊分割」問題。在此前，中國在應對南海問題的過程中，涉海管理部門和機構多達 17 個，被外界戲稱為「九龍治水」。各部門乃至利益相關企業為搶奪議程設置權相互競爭，卻未能維護國家利益。在中國於台海、南海和東海的安全壓力越來越大的情況下，海洋權

益工作領導小組的設立，實現了對各部門的統一管理和協調，創造了有利於主權維護和危機管控的組織化架構。

習近平還親自擔任了中央全面深化改革領導小組組長、中央外事國家安全工作領導小組組長、中央軍委深化國防和軍隊改革領導小組組長、中央軍委聯合作戰指揮中心總指揮、中央軍民融合發展委員會主任和中央網絡安全和信息化小組組長等職位。通過「小組模式」，習近平得以與其他常委形成上下級關係。習近平的領導班子在黨、政府和軍隊中形成了有力的領導核心，意在更有力地推動中國在內政和外交上的改革進程。正如一位學者指出，習近平在上任後，在外交上形成了一個有強大政治向心力的「場域」，培養並篩選出了一大批忠誠、有執行力、有紀律性的外交工作人員。[4]

上述一系列在黨內實現行政權力集中的舉措，為習近平在十七大之後的外交戰略轉型提供了組織基礎。胡錦濤時代後期，中央高層已經開始檢討「韜光養晦」原則，並提出中國外交應更加「有所作為」。習近平則更進一步，把中國外交的總體基調從「有所作為」的壓力性外交，轉變為「奮發有為」的動力性外交。

具體來說，習近平外交戰略可以被概括為：第一，建立中美新型大國關係，規避「修昔底德陷阱」；第二，提出「一帶一

4　Dylan Loh M. H., "Diplomatic Control, Foreign Policy, and Change under Xi Jinping: A Field-theoretic Account", *Journal of Current Chinese Affairs*, 2018, 47(3), pp.111-145.

路」倡議，為國際社會提供公共產品；第三，展開「周邊外交」，穩定中國的安全環境。這三大戰略方向思路清晰，分別對應了中國與世界秩序互動的三個方針：第一，與美國建立良性競爭和危機管控機制，避免戰爭發生；第二，在國際社會的框架內，通過維持全球化，對既有的世界秩序作補充和建設，而非顛覆；第三，回到亞洲，在亞歐、亞太區域建立對沖中美衝突的緩衝帶，為中國今後參與可能出現的「區域全球化」收縮提供安全保障。但是，清晰的戰略思路未必能在現實中收穫同等豐碩的成果。中美新型大國關係、周邊外交和「一帶一路」倡議都還處於不斷完善的過程中。

「新型大國關係」是一個與「舊大國關係」相對的概念。中方在和平崛起的進程中早已有戰略前瞻性地看到，在中國成為崛起大國的情況下，不可避免地會激起守成大國美國的恐懼和被威脅感；因此，中方主張，中美構建的雙邊關係是「新型」的。這意味着中美會力爭走出兩國陷入「修昔底德陷阱」的歷史宿命。「修昔底德陷阱」是由哈佛大學國際關係學者格雷厄姆・艾利森（Graham Allison）提出的概念，他認為國際關係裏存在一種具有歷史普遍性的規律，即崛起大國與守成大國的競爭多以戰爭告終。[5] 據其論述，無論新興大國的戰略意圖為何，其崛起總會不可避免地威脅到守成大國的既得利益，引起守成

---

5    Graham Allison, *Destined for War: Can America and China Escape Thucydides's Trap?*, Boston, MA and New York, NY: Houghton Mifflin Harcourt, 2017.

大國的恐懼感，並導致結構性壓力的出現；基於這種結構性壓力的存在，新興大國與守成大國之間開戰的可能性很大。[6]艾利森因而斷言：「中國和美國就是今天雅典和斯巴達」。[7]

中方清晰地意識到了美方的戰略焦慮。在中國維護自身利益以及為國際社會提供公共服務的能力不斷提高的背景下，中國有需要與美國共同構建新的身份認同。這不僅僅是為了客觀地反映雙邊關係在屬性與特徵的變化，更是為了給中美關係的戰略定位與未來走向定調，以減少中美之間潛在的戰略互疑。

早在 2012 年 2 月 15 日，習近平就以國家副主席的身份訪問美國，並代表中國向美國提出了有關構建中美新型大國關係的四點倡議：第一，持續增進中美相互信任和戰略信任；第二，切實尊重彼此核心利益和重大關切；第三，努力深化中美合作互利共贏的格局；第四，不斷加強在國際事務和全球性問題上的協調合作。[8]2012 年 11 月，「新型大國關係」被寫入了中國共產黨的「十八大」報告，其中明確指出：「我們將改善和發展同發達國家關係，拓寬合作領域，妥善處理分歧，推動建立長期穩定健康發展的新型大國關係。」報告中所指的「發達國家」無

6    在過去 500 年的歷史中發生過 16 個新興國崛起挑戰守成國秩序的案例，其中 12 個案例以戰爭結束。著有《伯羅奔尼撒戰爭史》的古希臘歷史學家修昔底德認為：「使戰爭不可避免的真正原因是雅典勢力的增長以及因此而引起的斯巴達的恐懼。」

7    Graham Allison, "Thucydides's Trap Has Been Sprung in the Pacific", *Financial Times*, August 21, 2012, https://www.ft.com/content/5d695b5a-ead3-11e1-984b-00144feab49a (accessed January 14, 2020).

8    〈習近平在美國友好團體歡迎午宴上的演講〉，中華人民共和國中央人民政府，2012 年 2 月 16 日。http://www.gov.cn/ldhd/2012-02/16/content_2068376.htm。

疑是美國。2013 年 6 月，習近平總書記在於奧巴馬總統的莊園會晤中，將中美新型大國關係更為精煉地概括為三點：「不衝突不對抗」、「相互尊重」、「合作共贏」。[9]「新型大國關係」提出後，中美在安全管控的機制化上取得了一定進展。特別是在中國國家主席習近平與美國總統特朗普於 2017 年 4 月會晤後，宣佈中美之間建立中美高級別對話機制，其涵蓋了四個方面：外交安全、經濟、人文交流和執法與網絡安全。[10] 這在一定程度上緩解了中美關係的緊張程度，為引導中美關係走向緩和創造了對話空間。

但美國人並不接受中方有關「新型大國關係」的提法。起初，奧巴馬政府對「新型大國關係」的提法呈現了較為開放的態度。2012 年 3 月 7 日和 4 月 10 日，美國國務卿希拉里・克林頓在美國和平研究所和美國海軍學院的講話中，分別對「新型大國關係」表示認可。[11] 同年 9 月份，希拉里・克林頓再次表示：「中美將共同攜手創造前所未有的事業，對於守成國與新興國如何處理彼此關係這一問題，它們將譜寫新的答案」。[12] 奧巴

9 〈從跨越太平洋的握手到跨越太平洋的合作 —— 記中國國家主席習近平同美國總統奧巴馬安納伯格莊園會晤〉，載《人民日報》，2013 年 6 月 11 日。

10 〈鞏固交流對話有效平台 —— 中美大力推進高級別對話機制述評〉，新華網，2017 年 11 月 8 日，http://world.people.com.cn/n1/2017/1108/c1002-29632954.html。

11 張玉杰：《開放型經濟》，新華出版社 2016 年版，第 39 頁。

12 William Wan, "Hillary Clinton, top Chinese officials air some differences," *The Washington Post*, September 5, 2012, http://www.washingtonpost.com/world/hillary-clinton-top-chinese-officials-airsome-differences/2012/09/05/78487e86-f746-11e1- 8253-3f495ae70650_story.html.

馬政府對「新型大國關係」的開放態度，是其延續冷戰後美國對華實施接觸政策的基本戰略導向決定的。[13] 然而，自 2012 年 12 月的亞洲之行後，奧巴馬政府就開始謀劃「重返亞太」戰略，對華政策開始從接觸逐漸轉向制衡。這繼而也改變了美國對中美雙邊關係的定位。

南海問題的是美國對華政策轉向的一個催化劑。2013 年 1 月，菲律賓通過常設仲裁法院（Permanent Court of Arbitration）向中國發出了有關南海爭端的訴訟陳述。此後，南海問題由地區問題轉變為國際問題，美國對中國的戰略警惕升級，奧巴馬政府開始停止使用中美「新型大國關係」的概念。2013 年 3 月，《外交事務》（*Foreign Affairs*）雜誌發文，認為「新型大國關係」的提法過於模糊，缺乏實質內容。[14] 美中經濟與安全審查委員會的研究員們在 2013 年 7 月 25 日發表的一份有關「新型大國關係」的研究報告中，對中美「新型大國關係」的建設表達了更為審慎的看法：「華盛頓和北京應該有共同基礎以建立更多高層對話機制。但是，雙方會因為無法在關鍵的安全保障問題上

---

13　劉舒天：〈美國對華接觸政策為何曾長期延續〉，載《外交評論》2019 年第 3 期，第 86 頁。

14　David Wetime, "China Quietly Abandoning Bid for 'New Model of Great Power Relations' with U.S.", *Foreign Affairs*, March 2, 2017, https://foreignpolicy. com/2017/03/02/china-quietly-abandoning-bid-for-new-model-of-great-power-relations-with-u-s/.

作出妥協而無法促進互信與緩和競爭。」[15] 美國對中方倡議的審慎反映了美國對華日益增長的警戒心和轉變中的對華政策。

自特朗普在 2016 年當選美國總統以來，不僅從來沒有在公開場合使用過「新型大國關係」的表述來討論中美關係，反而對中美關係提出了與中方提法截然相反的定義。[16]2017 年 12 月，美國國會通過《美國國家安全戰略》報告，明確地把中國定義為「修正主義國家」，認為中國企圖顛覆美國領導的自由主義國際秩序。在這一定義的指導下，美國開始在經貿和安全領域對中國展開全面制衡。自 2018 年 7 月開始，特朗普政府的對中國商品加徵關稅，總額高達 3,600 億美元。除了發動貿易戰外，美國還在南海和台海地區對中國的核心利益發起挑戰。2017 年，美國提出了特朗普版本的「印太戰略」，並重啟四方安全對話（Quadrilateral Security Dialogue），力圖在印度洋和太平洋區域構造一個以美國、日本、澳洲和印度為核心的「印太版北約」，通過增強安全關係網在南海對中國的主權形成更為立體的軍事壓力。台灣問題是中美關係的核心矛盾，但特朗普似乎已無意維持現狀。2018 年 1 月 9 日和 2 月 28 日，美國國會眾議院和參議院分別表決通過了《台灣旅遊法》，允許美台高級

---

15  Caitlin Campbell and Craig Murray, "China Seeks a 'New Type of Major-Country Relationship' with the United States", U.S.-China Economic and Security Review Commission Staff Research Backgrounder, 2013, p.4.

16  金燦榮、張鯤鵬：〈建構以實踐為導向的可持續和平 —— 新型大國關係的再解析〉，載《太平洋學報》2018 年第 1 期，第 36 頁。

軍政官員互訪。中方認為，美方這一行為違反一個中國原則和中美三個聯合公報的規定，但特朗普沒有顯示出任何退讓的態度。[17] 有分析認為，無論貿易戰是否能達成停火協議，中美互信已遭受了無法修補的損傷。[18] 雖然此類觀點的正確性有待商榷，但是可以肯定的是，在特朗普政府對華採取制衡政策後，中國推行中美「新型大國關係」的努力受到了非常大的阻力。

　　構建中美「新型大國關係」進程中的另一大難點是，中美競爭出現了意識形態化趨勢。在 2000 年代末，美國早已有學者提出，中國在亞太和非洲等發展中國家廣泛施展「魅力攻勢」，宣傳中國的價值觀和意識形態，勢必對美國的核心價值觀造成負面影響。[19] 這種觀點後來成為了美國國際關係界的熱門話題，且隨時間推移愈演愈烈。一些研究機構撰文認為，北京「有意弱化自由民主原則，並以威權主義政府原則取而代之」。[20] 美國外交雜誌《國家利益》在 2019 年 4 月發表了一篇名為〈為甚麼美國必須保持意識形態上的支配地位〉的文章，其言辭之

17　〈發言人吳謙就美「與台灣交往法案」發表談話〉，中華人民共和國國防部，2018 年 3 月 17 日，http://www.mod.gov.cn/v/2018-03/17/content_4807058.htm。

18　Ian Bremmer, "Deal or No Deal, the U.S.-China Relationship Is Beyond Repair", *Time*, February 28, 2019, https://time.com/5540855/us-china-trade-relationship/.

19　Joshua Kurlantzick, *Charmoffenseive: How China's Soft Power is Transforming the World*, 2008.

20　Melanie Hart and Blaine Johnson, "Mapping China's Global Governance Ambitions Democracies Still Have Leverage to Shape Beijing's Reform Agenda", Center for American Progress, 28 February 2019, https://www.americanprogress.org/issues/security/reports/2019/02/28/466768/mapping-chinas-global-governance-ambitions/.

尖銳，展現出了一種「非此即彼」的思維方式：「中美衝突將決定華盛頓的安全與地位，以及自由與開放社會是否依然是國際政治的主流價值觀」。[21] 美國的外交關係協會在 2019 年 12 月舉辦了一場辯論，其中一個話題是，「北京是否正在輸出中國的發展模式」。[22] 該協會的亞洲事務研究者認為，中國不僅的確在輸出其發展模式，而且此行為對美國的價值觀造成了不可忽視的威脅。[23] 在 2021 年拜登上任時，「中國輸出威權主義論」已經發展成為了美國外交界新共識。拜登政府在台灣地區、香港地區、西藏和新疆問題上對中國展開的批判似乎沒有降溫的趨勢。

「周邊外交」理念的提出並沒有讓中國的周邊變得更平靜。中美雙邊交惡在很大程度上對中國的周邊安全造成了負面影響。特別是在台海、東海和南海，中國面對着越來越多來自美國等國的軍事壓力。首先，台灣地區成為美國制衡中國的主要抓手。特朗普自 2017 年以來，積極提升美國與台灣地區在軍

---

21　Bradley A. Thayer, "Why America Must Maintain Ideological Dominance", *National Interest*, April 14, 2019, https://nationalinterest.org/feature/why-america-must-maintain-ideological-dominance-52082?page=0%2C1.

22　Council on Foreign Affairs, "China's Power: Up for Debate", December 4, 2019, https://www.youtube.com/watch?v=Tb5CZOjqd_0.

23　外交事務協會亞洲中心主任伊麗莎白・埃科諾米（Elizabeth Economy）的理由是，中國輸出發展模式時，大量地對來自其他國家的政府工作人員在網絡輿論管控方面進行了指導和交流；此外，中國還通過華為公司為網絡輿論管理和監控提供了大量技術支持。在埃科諾米看來，這意味着公民社會遭到打壓。參見：Elizabeth C. Economy, "Yes, Virginia, China Is Exporting Its Model", Council on Foreign Affairs, 11 December 2019, https://www.cfr.org/blog/yes-virginia-china-exporting-its-model。

事和外交上的互動程度。比如,「台灣盟友國際保護與強化行動 2019」[24] 不僅強調美國國務院將加強與台灣地區的外交以及台灣地區與世界其他國家的夥伴關係,還把台灣地區認定為「自治」的政治實體。同年,美國對台售武額度高達 107.2 億美元,創下了第二次台灣海峽危機以來的歷史新高(見表四)。2020 年 8 月,美國更是打破了 1979 年以來的慣例,派遣了兩位政府高級官員 —— 美國衛生與公眾服務部長亞歷克斯‧阿薩爾(Alex Azar)和次國務卿基思‧柯拉克(Keith Krach)造訪台灣地區。10 月 20 日美國海軍派遣貝瑞號驅逐艦駛過台灣海峽。事實上,特朗普上台後,美軍已大幅度地升級了其對台灣地區的安全保護能力,手段包括更多的軍售協議、情報共享機制建設、軍隊培訓,甚至是聯合軍演。正如美國國會通過的《台灣保證法》所言,「美國的政策是允許和鼓勵美國和台灣官員之間的接觸。台灣是美國在該地區戰略的重要組成部分,並敦促美國定期進行國防物品轉讓,以增強台灣的自衛能力。」此時美國加強與台灣地區的軍事外交關係,向中國挑釁,意在展現其不僅有實力,也有意願保護台灣地區。

---

24　Taiwan Allies International Protection and Enhancement Initiative (TAIPEI) Act of 2019.

**表四　美國對台軍售數據，2011-2020 年（單位：億美元）**

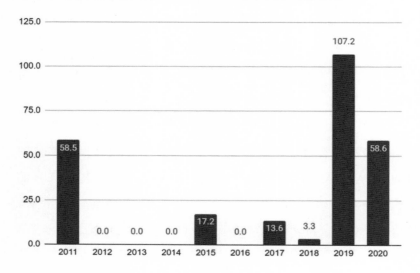

數據來源：公開資料整理。

　　在東海，中國面臨着釣魚島的實際控制權落入日本手裏的危機。2012 年日本政府對釣魚島實行國有化之後，中國對日本表示強烈的外交抗議，並於 2013 年 11 月 23 日宣佈劃定中華人民共和國東海防空識別區。此後，中國一直通過派遣非軍事船隻進入島嶼海域的方式維護主權。另一方面，美國對日本控制釣魚島的態度，也從默許轉變為公開支持。2021 年 1 月 24 日，日本防衛大臣岸信夫與新上任的美國國防部長勞埃德·奧斯丁（Lloyd Austin）通話，確認《日美安保條約》第五條將

適用於釣魚島 [25]，公開確認其對釣魚島負有防禦責任。雖然美國還未在法理上承認日本對釣魚島的主權，但美國通過彰顯美日聯防中國的決心，加強了日本對釣魚島的控制權。同時，日本也在積極配合美國，對中國發動輿論攻勢。2021 年 1 月 21 日，日本駐聯合國代表向秘書長安東尼奧・古特雷斯（Antonio Guterres）發出照會，指責中國在南海破壞《聯合國海洋法公約》。這是日本首次利用聯合國平台公開在南海問題上對中國作出負面表態。

南海局勢也在持續升溫。中國面臨的軍事壓力主要來自美國。後者自介入南海之後，就不斷通過給越南等國提供武器和執行「自由航行任務」，挑戰中國在南海的主權維護。事實上，早在奧巴馬時期，美國已經展開了「亞太再平衡」戰略；這在特朗普和新上任的拜登治下轉變為「印太戰略」，其目標是建立在西太平洋制衡中國海上前沿存在的軍事聯盟體系。美國眾議院於 2019 年在討論《印太合作法案》就指出，應「擴大美國在印度－太平洋地區和歐洲的聯盟和夥伴關係（意識形態），以制定統一的方法來應對中國提出的外交、經濟和軍事挑戰。」[26] 美軍執行任務的步伐比其國會的立法程序更為迅猛。美國海軍分

---

25　US Department of Defense, "Readout of Secretary of Defense Lloyd Austin's Call with Japanese Defense Minister Nobuo Kishi", 23 January, 2021, https://www.defense.gov/Newsroom/Releases/Release/Article/2480919/readout-of-secretary-of-defense-lloyd-austins-call-with-japanese-defense-minist/.

26　"S.2547 — 116th Congress (2019-2020) Indo-Pacific Cooperation Act of 2019".

別於 2019 年和 2020 年間在南海進行了 9 次和 7 次的「自由航行行動」，並與日本、澳洲兩國海軍進行 5 次聯合軍演。根據最近美國國家安全委員會於 2021 年 1 月解密的一份文件（《美國印太戰略框架》），特朗普時期美國印太戰略在安全上會把重點放在「第一島鏈」，即北從日本千島羣島開始，往南經過台灣地區，到婆羅洲島，包括黃海、東海與南海的西太平洋海域。美國在第一島鏈的總體目標是威懾和圍堵中國：「阻止中國對美國及其盟友進行軍事打擊，並發展出在各種衝突中擊敗中國行動的能力和概念。」雖然說中國已經與東盟國家展開了南海行為準則（COC）的商談，且中美海軍在南海也成功地達成了「鬥而不戰」的狀態，但隨着美國領導的美日澳印四方安全對話（QUAD）的機制化和組織化，中國面臨的海上安全壓力並沒有下降的趨勢。

中國在朝鮮核危機與中印關係上也沒有取得突破。朝核危機在六方會談未果之後已經陷入了僵局。注重元首外交的前美國總統特朗普曾系統通過與金正恩建立個人關係解決困局，但事實證明，他的想法是一個缺乏外交經驗者的一廂情願。特朗普企圖通過朝核談判突顯自身領導力。金正恩利用了特朗普的虛榮心，製造了美朝緩和的假象，為朝鮮發展核武器能力爭取了更多時間。朝鮮核危機沒有擺脫「制裁 - 試驗 - 再制裁 - 再試驗」的惡性循環。與此同時，中印關係也因領土問題發生了倒退的風險。中印兩國擁有邊界約 2,000 公里；1962 年邊境衝突後，兩國有總面積超過 12 萬平方公里區域存在領土爭議。

隨着近年來印度民族主義情緒漸長，印度在中印邊界問題上的行為越來越激進。2014 年莫迪上台後更積極地加強了與美國的安全合作，以加強對中國的制衡。2020 年 6 月，中印雙方在加勒萬河谷發生衝突；此後，印度利用邊境衝突引發的雙邊衝突，宣佈對中國科技企業開發的手機應用軟件實施禁令。雙方在八個月後，於 2021 年 2 月份才完成了邊境撤軍。

儘管中國的軍事現代化程度已經達到了建國以來的巔峰，但中國在周邊地帶面臨的安全困境也在以同等的速度與日俱增。雖然中國與緬甸、老撾、巴基斯坦和俄羅斯都建立了夥伴關係，但這並沒有降低中國安全環境的風險系數。朝鮮和印度都是擁有核武器的國家。但中國目前與這兩個國家的關係並沒有得到明顯改善。美國不僅以朝核問題理由加速推動美日韓三邊軍事聯盟的形成，而且還提出把印度整合到美國「印太戰略」中，讓印度成為南亞的地區性霸權。

中國雖說有一個周邊外交的框架和理論，在實際中卻很少付諸有效的行動。例如，中國既沒有在朝核問題上利用好雙邊主義，也沒有在南海問題上利用好多邊主義。在朝鮮核危機問題上，中國本來可以利用與朝鮮的雙邊外交為朝鮮提供「核保護傘」，解決朝鮮缺乏國家和政權安全的問題。但中國沒這麼做。在南海問題上，中國一開始並沒有主動地提出多邊解決方案，以至在衝突不斷升級之後，菲律賓等國在美國的介入下通過國際法庭上對中國提出訴訟並且獲勝。中國自然不接受判決，但這使中國的國際話語權大受打擊。現在中國似乎又回到

了一開始的多邊解決方案，即制定海上行為準則。如果一開始中國對多邊主義解決方案有所主導，恐怕不會出現南海訴訟案的鬧劇。

　　為甚麼中國在朝鮮和南海方面的外交都遭遇挫折？究其原因，中國的周邊外交缺乏戰略指引和部門協調，大多行為是為了息事寧人（在朝鮮問題上舉辦六方會談）或避免節外生枝（在南海不主導多邊主義議程）而作出的「救火式」臨時舉措。在無法對東盟各個國家作出有效應對的情況下，中國外交實際上離不開美國。或者說，美國成了中國處理周邊外交的「支點」。這造成了一種「大國關係主義」思維，即只要與美國（大國）的雙邊關係處理好了，與周邊國家（小國）的多邊關係自然會變好。由於美國是一個在亞洲有廣泛影響力的超級大國，這種想法看似有一定的正確性。但這是一種鼓勵維持現狀的思維方式。它導致中國的周邊外交，特別是與周邊國家的雙邊外交缺乏有效進展。

　　在習近平支持的三個主要外交戰略中，進展相對順利的是「一帶一路」倡議。「一帶一路」倡議的戰略思維非常清晰：通過輸出基礎設施技術和國際金融服務，中國幫助各國，特別是發展中國家共同繁榮，建設可持續發展的經濟全球化。全球化是推動世界經濟發展的關鍵性公共產品，在二戰以來一直由以美國為首的發達國家主導和提供。但在 2008 年金融危機之後，美國遭受了軍費開支過高、產業流失和社會分化等問題，其領導全球化的意願日益降低。特朗普上台後，秉持「美國第一」主義，不僅對中國發動貿易戰，向其傳統戰略盟友（日本、

歐盟）提出了分擔安全維護費用的要求，並且退出了《巴黎協議》。美國承擔國際責任下降，要求中國必須站出來履行更多國際責任，填補美國退出主義帶來的國際公共產品赤字。「一帶一路」倡議在這樣的背景下應運而生。

從戰略目標來說，「一帶一路」是立足於中國發展現狀，為國際社會提供的公共產品；其重點在於提供基礎設施建設和國際融資服務。中國在改革開放以來，特別是應對金融危機的過程中，在基礎建設方面發展出了強大的工程技術能力，如高鐵、高速公路、電訊、港口、機場和輸油、輸氣、輸電等。中國因此常被視為是「基礎設施建設國家」。註冊資金為 1,000 億美元的亞洲基礎設施投資銀行和 400 億美元規模的「絲路基金」，則為沿線國家與中國在基礎設施建設的合作提供了投資。通過參與「一帶一路」倡議，亞歐大陸的發展中國家可以購買中國基礎設施技術和服務。這不僅有利於消化中國強大的產能，加強亞歐大陸國家之間的交通可達性和經濟互通性，還進一步促進了人民幣的國際化。在全球增長疲乏的情況下，中國主持的「一帶一路」倡議有力地促進了的物資、金融、人員和信息的相互流通，為各國提供了來自美國以外的國際公共產品來源。事實上，「一帶一路」倡議自提出以來已經得到了世界上170 多個國家的響應。除了西亞、非洲和東南亞各國外，意大利、英國和德國等歐洲發達國家也是「一帶一路」倡議的積極參與方。世界銀行的研究表明，雖然「一帶一路」倡議存在債務、環境和社會風險，但在得到全面實施的情況下，它將給世

界帶來 1.7% 至 6.2% 的全球貿易增長，以及 0.7% 至 2.9% 的全球收入增長。[27]

　　儘管取得了不俗的成果，「一帶一路」倡議依然面臨諸多挑戰。第一，中國似乎還未能釐清「一帶一路」倡議與現存全球治理體系銜接的問題。美國主導的全球治理結構，即自由主義國際秩序，以美國為領導國，以聯合國、世界貿易組織、世界銀行和國際貨幣基金組織為組織平台。從權力結構的層面來說，七國集團（G7）是自由主義國際秩序的領導羣團，佔據了世界體系的核心；其他國家通過構建集體安全機制（如聯合國外交）和全球經濟自由化（如發展世界貿易組織），與七國集團國家發生關係，從而參與世界體系的擴張並從其中分一杯羹。相比之下，「一帶一路」倡議下的全球治理結構是比較模糊的，其機制化、組織化程度較低；中國也很少言及自己在「一帶一路」倡議中的領導地位。中國這麼做的原因之一，是希望打消美國對中國挑戰其霸權體系的戰略疑慮。中國沒有意願像毛澤東時期那樣「另起爐灶」；作為全球化的受益者，中國希望擔當世界秩序的補充者、建設者，而非顛覆者。但似乎恰恰是「一帶一路」倡議的模糊性導致了國際社會對「一帶一路」倡議的猜疑。

　　第二，客觀上，「一帶一路」倡議還沒有完全解決外交戰略實施不到位的問題。習近平的領導班子十分強調「頂層設

---

27　World Bank, *Belt and Road economics: opportunities and risks of transport corridors*, 2019, The World Bank, p.5.

計」。但宏大的「頂層設計」並不意味着有效的底層實施，特別是當政策執行者並非執政者本身的部門時。雖然中央政府為「一帶一路」倡議設定了明確的戰略目標，但負責實施政策是地方政府和海外中國國有企業。地方政府在詮釋中央精神時，依據的往往是自身需要，而非國家利益。這導致地方政府之間的無效競爭和行政資源浪費。在外國實施「一帶一路」倡議項目的海外中國企業則更多地根據在地狀況和盈利目標執行工作。經過了地方政府和海外企業兩個組織層級後，「一帶一路」倡議的實際實施效果不免和最初設想的戰略目標有所偏差。最後，「一帶一路」倡議的目標羣體是風險高、經濟回報低的發展中國家與地區。這使許多私營企業和海外銀行對「一帶一路」倡議敬而遠之。[28] 風險評估將成為進一步推進「一帶一路」倡議的關鍵。

儘管如此，習近平提出「一帶一路」倡議，意味着中國外交已脫離了「韜光養晦」的思維局限，變得更「奮發有為」。中國作為一個發展中國家，相對成功地抵禦了 2008 年金融危機，向國際社會展示了中國的國家能力。但在當時，中國對全球治理的實際貢獻與其龐大的經濟體量是很不相稱的。在胡錦濤的領導下，中國雖然躍升為世界第二大經濟體、IMF 和世界銀行的第三大股東，但依然只是全球治理的參與者；大部分的公共

---

28　Thomas Hale, "Western Banks Gather to Catch the Chinese Investment Crumbs," *Financial Times*, September 25, 2018.

產品，如聯合國、世界貿易組織、IMF和世界銀行，依然是由美國設計和主持的。相比之下，習近平提出的「一帶一路」倡議，表明中國的外交決策層開始有戰略意識地定義中國自身和應當承擔的國際責任。雖然說目前評價「一帶一路」倡議的政策效果還言之過早，但可以確定的是，「一帶一路」倡議通過為國際社會提供公共產品，大大提升了中國在國際社會裏的議程設置能力。中國開始建立自己的話語體系，努力地成為全球治理方案的提供者和設計者，而不是被動對美國等國家開出的「責任清單」作出被動反應。

中國的外交經驗體現了中國與世界秩序發生互動和碰撞的歷史過程。改革開放後，中國告別「革命外交」，與世界秩序對接，成為了世界體系和國際社會的一員；在江澤民時期，中國通過加入世界貿易組織，全面融入了世界體系和國際社會；在胡錦濤時期，中國通過高速經濟發展，從世界體系的邊緣邁入了半邊緣區域；習近平時期的中國亦在延續了這一趨勢。但中國作為社會主義國家，決定了它註定與國際社會發生碰撞。

世界體系的核心國家也同時是國際社會的核心國家。它們通過主導國際社會的政治安排，保持着對世界體系下的全球價值鏈和分工的分配權。一般來說，只有價值觀和意識形態都符合國際社會定義的國家，才能被「獲准」成為世界體系的核心成員。美國在二戰後，為了維持其主導的國際社會，一方面與蘇聯展開冷戰，另一方面把很多亞洲國家和地區，包括韓國、台灣地區、香港地區和新加坡，吸收到了世界體系的半邊緣和

核心區域。在非西方國家中，只有亞洲「四小龍」（台灣地區、香港地區、新加坡和韓國）在二戰後從不發達地區躍升為高收入經濟體。[29] 但這些地區和國家的人口加起來還不到一億，其對世界財富分配體制造成的影響難以與中國相提並論。

中國是少數在冷戰後既保持了非西方政治體制，又提升了世界體系地位的國家。中國在改革開放以來，一向以主張維護和改革，而非顛覆世界秩序。但如今，中國卻像當年的蘇聯那樣，面臨着陷入與美國冷戰的局面。事實上，國際社會核心國家對中國在世界體系裏的地位提升十分警惕。一些美國的政治精英認為，中國已經成了世界秩序的挑戰者，而非參與者。在他們看來，世界秩序是為美國等國家利益服務的。中國參與世界秩序的前提，是它不改變世界體系的現狀。2020 年 7 月，美國前國務卿邁克爾・蓬佩奧在參加德國馬歇爾基金會布魯塞爾論壇時，在他的西歐盟友面前挑明了這一點：「（中國在貿易上的做法）這不公平。不僅對美國人不公平，對英國人和荷蘭人也不公平，對所有的發達國家都不公平。世貿這個系統，本來就是為發達國家設計的。」[30]

---

29　其他幾個在二戰後從相對落後走向繁榮的經濟體有西班牙、愛爾蘭、希臘和塞舌爾。參見：David Bulman, Maya Eden, and Ha Nguyen, "Transitioning from low-income growth to high-income growth: is there a middle-income trap?", *Journal of the Asia Pacific Economy*, 2017, 22(1), p.7。

30　Michael R. Pompeo, Secretary Michael R. Pompeo Remarks at the German Marshall Fund's Brussels Forum, U.S. Embassy & Consulates in China, June 25, 2020, https://china.usembassy-china.org.cn/secretary-michael-r-pompeo-remarks-at-the-german-marshall-funds-brussels-forum/.

李克強總理在 2015 年 6 月 15 日的工業和信息化部座談會上，提出了「中國製造 2025」的政策綱領，希望中國能通過「三步走」成為製造業強國。這一設想一方面提振了中國工商業進一步發展 5G 信息科技、人工智能和大數據等新經濟增長點的信心，也讓美國等國家加緊了對中國發動科技、貿易和價值觀競爭。隨着華為、TikTok 等中國科技公司在美國被封殺，中國與當前世界秩序在經貿和價值觀上的矛盾越來越躍上枱面。中美大國關係越來越邁向一種相互封鎖的「新冷戰」。

　　2020 年，新冠疫情席捲全球，讓原本因中美貿易戰而遭受衝擊的世界秩序雪上加霜。在世界各國潛伏着的保守和民粹勢力藉着疫情，紛紛發聲要求國家收回經濟主權。美國、歐盟和日本等國家也開始把與國家安全和公共衛生安全相關的企業撤回本國。疫情下，中國強大的製造業使其在疫情下依舊能為國內、乃至全球供應大量的醫療物資。但其他國家沒有那麼幸運。美國 80% 的醫療物資是中國生產的，97% 的抗生素依靠中國供應。如果說 2008 年的金融危機讓世界看到了全球化下金融秩序的不公平和對經濟生活的負面作用，那麼 2020 年的新冠疫情則讓世界體驗到了，國際經濟貿易和生產體系相互依賴程度過高對國家主權和社會生活造成的威脅。在疫情肆虐的同時，中國周邊的地緣政治齒輪並沒有停止轉動：RCEP 簽署後，世界經濟發展的重心不可阻擋地從大西洋轉移到印太；美國、日本、歐洲各國都紛紛出台了各自的印太戰略，力圖介入印太地緣政治；日本發佈《防衛白皮書》，開始指染台灣問題；

隨着美國在第一島鏈加強封鎖中國和從阿富汗撤軍，中國有再次倒退成陸地國家的風險；香港、新疆問題越來越國際政治化。

「我們面對的是百年未有之大變局」。習近平對國際局勢作出了這樣的判斷。從中國與世界秩序的關係來看，這一表述是非常準確的。有學者認為，美國的自由主義國際秩序雖然會繼續主導世界，但它所影響的範圍已大不如前，而我們正在邁向一個由好幾個國際社會拼接而成的多秩序世界（multi-order world）。[31] 但與其說世界秩序正在從單一走向多元，倒不如說，作為世界秩序的基礎，即西方定義的「現代性」（modernity），陷入了空前危機。現代性以 17 世紀開始的全球化為起點，在第二個千禧年達到頂峰，其標誌是實現「超級全球化」，即信息和生產要素在全球的實時和高速流動。但「超級全球化」帶來發展機遇的同時，也造成了劇烈的貧富差距和社會不公平。在 1970 年，美國全國有 61% 的人口為中產階級；這一數據在 2015 年已經下降到了 49%。英國不滿歐盟移民政策，憤然脫歐。日本、韓國等東亞發達國家也陷入了老齡化之桎梏，不能自拔。新冠病毒的爆發，也體現「超級全球化」下供應鏈和公共衛生安全的系統性風險。歷史尚未「終結」。世界秩序來到了一個劇烈變革的轉折點，以至於西方現代性本身需要被重新定義。這將是中國必然要擔當起的新國際責任。

---

31　Trine Flockhart, The Coming Multi-world Order, *Contemporary Security Policy*, 2016, Vol.37, No 1, pp.3-30.

如何評價中國改革開放後的外交？我們有以下幾點觀察。第一，1978 年以來，中國外交最大的成就是幫助中國全面融入世界體系，成為國際社會的重要成員，初步實現中國社會主義市場經濟的發展和現代化。1978 年以後，中國外交經歷了「引進來」和「走出去」兩個主要階段。鄧小平和江澤民領導的中國通過改革開放和加入世貿，使中國成功融入了世界秩序；胡錦濤進一步地鞏固了改革開放的成果；習近平使中國外交走出了反應式外交的模式：中國開始向國際社會輸出公共產品，在外交上變得更加積極主動。中國在改革開放以前是世界上最貧窮的國家之一，而現在則大為改觀。中國目前依然存在大量低收入人口，其人均收入還低於世界平均水平。但是，中國人均收入水平一直在縮小與世界平均水平的差距；兩者在 2019 年已經非常接近（中國人均收入 10,261 美元；世界人均收入 11,441 美元）。[32] 事實上，中國的許多高度城鎮化地區都邁入了中等收入階段，一些沿海地區的經濟發展程度甚至達到了發達國家水平。

　　個體國家的興衰是世界秩序的局部表達，中國也不例外；或者說，中國只有通過改革使其制度更兼容於世界體系，才能實現發展。在歷史上，為了實現繁榮穩定，中國有過很多並不成功的嘗試：秦朝修建長城、明朝實施海禁、毛澤東時期搞「革

---

32　參見：The World Bank, World Bank national accounts data, and OECD National Accounts data files, https://data.worldbank.org/indicator/NY.GDP.PCAP.CD。

命外交」。這些時期裏，中國都企圖通過封閉自身來打造自給自足、與外界絕緣的烏托邦。這些嘗試都以失敗告終。其中明朝最讓人惋惜。明朝是當時世界上最大的經濟體，其強盛時正值世界體系擴張的初始階段。如果明朝能把握機會讓中國成為海洋文明，那麼中國今天恐怕和西歐一樣，是佔據世界體系核心區域的發達國家。但明朝執政者卻選擇了與世界潮流相反的方向。事實上，中國最繁榮的歷史階段，比如盛唐時期和改革開放以後，都建立在打破自我封閉、向世界開放的基礎上。鄧小平在 1989 年的危機中，作出了「和平與發展是當今世界兩大主題」的判斷；在新時期，習近平也作出了同樣的分析，認為「經濟全球化是社會生產力發展的客觀要求和科技進步的必然結果，是不可逆轉的時代潮流」。從中國的外交史看來，中國的國家安全和政權穩定從來不是在封閉中實現的。改革開放才能保證中國的發展和世界秩序的穩定。

第二，1978 年以來，西方對中國參與世界體系的態度經歷了從歡迎到猜疑的變化。一直以來，西方對中國參與世界體系既有期望也有擔憂。世界體系的運作，在本質上是資本主義在全球範圍的擴張。從這個意義來說，世界體系不能沒有中國；否則經濟全球化本身會陷入停滯。中國加入世界體系後，形成了「西方技術 + 中國勞動力」的增長模式。這一方面促進了中國工業化，另一方面也為西方乃至全球創造了大量財富（主要是廉價消費品）。但另一方面，西方對中國的態度也是矛盾的。在中國經濟騰飛後，中外學者開始探究中美權力轉移

的問題，其中不少人認為，國際權力轉移很難不以戰爭和衝突的形式結束。[33] 英美在 19 至 20 世紀的權力轉移是和平的。不過這更像是特例而非常態：英美之間在文化、政治制度和政治利益上重合度極高。同樣的因素無法在中美關係上找到。中國的政體和國家體量決定了它不是美國等國家的天然盟友。西方在中國改革開放後，對中國參與世界體系和國際社會持正面態度。原因在於，它們期望中國會在經濟上實現市場自由化，在政治上走向民主化。但事實證明這種想法並不現實。2008 年金融危機時，中國通過國家主導的經濟刺激方案穩定了經濟。但大量資金流向國有企業而非民營企業，以至於形成了「國進民退」的經濟局面。在中國看來，這是不公正的國際金融秩序下一個發展中國家為了保證民生而不得不做的舉措。但在西方看來，中國在意識形態問題上「開倒車」，出現了重返計劃經濟的迹象，違背了加入世貿時的承諾。

第三，隨着中國進入世界體系中的半邊緣區域並出現逐漸向核心邁進的趨勢，中國與美國等國際社會核心國家發生冷戰的風險越來越高。二戰以來的世界體系是在美國主導的自由主義國際秩序下運作的。縱觀其歷史，美國在二戰以來管理世界秩序的政策手段可以被概括為三種：(1) 通過熱戰打敗對手，並在其內部進行政治改造（如日本、德國）；(2) 接觸並將相對弱

---

33　朱峰、羅伯特・羅斯（編）：《中國崛起：理論與政策的視角》，上海人民出版社 2008年版。

小的國家納入自由民主主義陣營（如韓國、菲律賓）；(3) 如果對方太強大或不屈服，則發動冷戰，把其變成的意識形態敵人（如蘇聯）。如今中國有成為下一個蘇聯的趨勢。在經濟上，中國雖然和美國還有差距，但中國追趕（即使不是趕超）美國的趨勢一直在強化；在政治上，中國作為世界上少有的世俗文明國家，可以包容不同的宗教和政治意識形態，但美國不可以，美國很難接受中國成為國際社會的核心國家。在特朗普時期，美國對中國的擔憂浮上枱面，並開始對中國發動惡性競爭，主要表現為貿易封鎖、軍事封鎖和科技封鎖：首先，不惜以破壞全球貿易體系的代價對中國發起貿易戰，力圖實現製造業回流；其次，通過糾集印太盟友，在西太平洋圍堵中國，阻止中國發展成海洋文明；第三，禁止美國和其盟友對中國輸出高科技，也禁止中國的科技人才進入美國。這些政策，主要出現在特朗普時期。雖然很多人認為這是不理智的，但事實上，特朗普的做法是美國的跨黨派共識。特朗普的繼任者拜登絲毫沒有撤回特朗普對華政策的意思，反而在意識形態問題上更加變本加厲，出現了決意與中國展開冷戰的新局面。「新冷戰」是對中國進一步邁向現代化的阻礙，也是中國外交必須面對的難題。

# 第 十 一 章

# 中國外交的進路

那麼，中國接下來的道路該怎麼走？基於本書有關世界秩序與中國外交歷史軌迹的探討，我們提出了以下觀點。

首先，中國外交的任務是服務於中國的生存與發展。傳統的中國政治討論往往把外交置於十分邊緣的位置，把軍事抗衡等同於外交，把外交視作政府外宣工作。這樣的觀點顯然忽略了中國外交在中國現代化中發揮的關鍵作用。但從我們前文的分析可得，中國的外交與中國的生存與發展密不可分。鴉片戰爭之後是生存問題，建國之後是發展問題。中國是發展中國家，中國需要進一步現代化；而國家的現代化，從世界體系理論的視角看來，不僅是國家在其內部實施某種經濟政策的結果，它還取决於一個國家是否在全球資本主義分工和貿易體系

中佔據比較高端的地位。對於中國這樣的後發國家來說，它在多大程度上能從世界體系的邊緣地帶擠進半邊緣乃至核心地帶，取決於它在多大程度上能與已經佔據了世界體系核心地位的西方國際社會建立良好關係，以促進商品、資本和技術的流動。換言之，對於中國而言，融入國際社會是進一步嵌入世界體系的必要條件。18 世紀末的中國沒有主動擁抱全球化，失去了主動與西方交流的機會，也失去了進入世界體系的契機，最終導致了清朝在 19 世紀末的衰亡。中國改革開放前的情況也類似。1978 年以前，中國對外部世界，特別是對西方國家的開放極其有限，導致中國錯過了二戰後全球經濟增長的發展浪潮。事實證明「閉門造車」的經濟（如「大躍進」）不可能獲得發展。相比之下，改革開放對中國發展帶來的積極效果幾乎是立竿見影的：中國在短短 40 年內就成為了世界第二大經濟體，從一個以農業為主要經濟活動的邊緣國家，躋身為以工業為主要經濟活動的半邊緣國家。中國在如此短暫的時間內獲得這樣的成就與中國外交的改革開放息息相關：中國在 1970 年代末放下了遙不可及的世界革命，回歸了周恩來提出的和平路線，與美國接觸建交，從本質上改善了中國與（西方主導的）國際社會的關係，為中國參與全球化進程奠定了外交基礎。中國的外交史很有力地證明了：當中國與國際社會關係良好時，中國的發展將得到促進；相反，當中國與國際社會關係惡化時，中國的發展會遭到遏制。中國外交的獨特任務在於為中國發展服務。不管是從抽象理論推導，還是從歷史經驗總結，中國外交

都需要保持務實態度，保持與國際社會的良好關係。

　　第二，應該意識到，中國外交在實現上述的歷史任務時，面臨着一個結構性困境：中國的市場經濟與西方自由主義市場經濟是很不同的，相互兼容性不強；這增加了中國與世界體系接軌的難度。從歷史的經驗看來，中國與西方國家制度最不一樣的地方在於國家與市場之間的關係。在西方，資本主義市場先於國家誕生；國家的主要功能在於調節市場與社會之間的關係。但在中國情況相反：國家先於資本主義市場誕生，或者說，市場經濟是在國家體制內誕生的，形成了「制內市場」（market in state）。中國市場經濟的成長雖然非常迅速，但始終被管控在國家的權力範圍內。在西方，國家干預市場是不正常的；但在中國，國家有責任主動干預市場。改革開放後，承擔中國經濟發展的主要是國有企業；儘管國家不會直接控制這些企業的經營，但保留了許多對企業的控制性所有權。但中國「制內市場」的特點，也導致了中國的市場經濟地位不被美國等西方國家所接受。這點在 2020 年華為、字節跳動等中國高科技公司被美國打壓的案例中特別明顯。美國和西方的許多國家都認為，華為等公司背後有中國政府操控；它們以此為藉口，對中國公司發起了制裁，對中國發起了「科技冷戰」。中美貿易戰，在本質上就是兩種不同市場經濟之間的競爭。

　　解決中國外交的結構性困境的關鍵在於，中國要主動承擔更多的國際責任，讓世界各國認識到中國體制的合理之處。這已經、也應該體現在中國對全球性危機的應對上。如今各國面

臨的最核心危機，是如何在全球化深化的過程中保護人類有機社會組織（這裏包括了自然環境）不進一步遭受毀滅性的破壞。全球化在給包括中國在內的國家帶來了經濟發展的同時，但也造成了貧富差距、環境污染等全球性危害，繼而引發了各國的社會危機。如在美國，經濟全球化為東海岸的金融資本和西海岸的科技資本帶來了巨大利潤，但美國白領和藍領階級的收入水平卻在下降。2008 年金融危機爆發後，美國數百萬家庭失去了房產。維護美國政治體制的建制派並未能解決這些難題，導致 2016 年特朗普這位非建制派乘着民粹主義的東風登上總統席位。但很顯然，特朗普的經濟民族主義未能解決這些問題，反而使美國在種族不平等、貧富分化的泥沼中越陷越深。

全球化為世界各國帶來危機，而中國在為此危機提供解決方案上有着獨特的優勢。在中國，國家除了有貨幣、財政政策等干預工具外，還有強大的國有部門，它們肩負了發展經濟的責任，包括生產戰略物資、進行大型公共基礎設施建設等。中國的「制內市場」既有優勢也有劣勢：一方面，中國強大的國家能力，使其可以有效對應一些小政府資本主義國家無法有效處理的大型危機，如 1997 年至 1998 年和 2008 年的金融風暴、氣候變化，以及至今還未結束的新冠疫情。相比之下，美國、印度等民主制度國家，由於政府運作效率低下，未能夠有效地控制疫情，反而造成了大量的生命和財產損失。可以想見，如果中國能繼續更主動地為解決全球性難題提供有效方案，中國的體制將會越來越被國際社會所接受。如果中國可以做到這一

點，不僅世界各國會有所受益，中國的社會主義特色市場經濟與西方市場經濟不兼容的難題，也可以得到很大程度上的緩解。

第三，以自我為中心的道德主義（self-centered moralism）在相當長的時期內阻礙了中國與國際社會建立良好外交關係。對於大多數國家而言，外交追求的是利益；但在中國，這種認知是在改革開放後才建立起來的。中國在外交上的「晚熟」，是中國政治文化影響下的產物。中國近代以來的政治文化有兩大特質，一是德性追求，二是強烈的民族自尊心。德性追求來自中國儒家思想，其強調執政者「以德治國」、「以德服遠人」、「天下為公」。它要求中國在與外界打交道時，把道義原則放在第一位的，把利益放在第二位。德性追求要求中國不應斤斤計較地講經濟利益和條約法律，而要仗義疏財，鋤強扶弱。出於對德性的追求，中國帝王願意以勞民傷財為代價，換萬國來朝之盛況；為了世界革命，共和國時期的中國可以透支自己貧窮的經濟援助非洲。強烈的民族自尊心是中國政治文化的另一個特點，它來自中國人的文化優越感，以及在近代遭西方列強入侵的屈辱歷史經驗。近代中國的統治階層普遍認為，中華文化是文明的典範；但與此同時，他們卻無法解釋，為甚麼中國在西方的堅船利炮下竟如此脆弱。文化優越感和慘淡現實之間的矛盾在中國近代化過程中被發酵成了一種複雜的民族主義心理：中國民族主義者既想得到強者（西方和日本）的承認，但又不願意向強者低頭；而不向強者低頭也意味着不向強者制定的規則低頭。民族獨立的宣言為破壞國際社會規則的「革命外交」

提供了正當理由。這種心理是一種小國心態：以弱者自居，與弱者為伍，以恥辱為民族主義的情感基調，認為與強者妥協就是不道義的。

　　當這兩種心理特質相互疊加起來，產生了一種以自我為中心的道德主義。德性追求要求主體「先人後己」，放棄自我利益為他者着想；民族自尊心卻要求主體捍衛自己的利益和自尊，不向他者屈服。兩者共存的結果是，主體無法認同任何來自外界的標準，必須以自身為中心創造道義體系。主體所認同的道德目標，必須是由自身定義、被他者追隨的，否則無法同時滿足德性追求和民族自尊心。在這種政治文化的影響下，中國長期以虛名和道義，而非實利和發展為外交工作的總體目標，因而很難成為任何國際社會裏的核心成員。一方面，中國外交的決策者總想要保持中國在國際道義上的優越性，因此它以道義感劃分陣營（清朝有華夷之辯，共和國時期有社會主義與帝國主義之分）。即使在經濟發展上不如其他國家，中國也充滿道德底氣，從不承認自己在道德上有任何瑕疵。另一方面，由於無法放下民族的自尊心，中國即使找到了道德上的同盟（如革命時期的蘇聯），也會很快因民族自尊心沒有得到滿足而與之分道揚鑣。毛澤東執意偏離蘇聯的計劃經濟而開展「大躍進」就是一例。在無論如何也無法屈尊的情況下，中國外交的道路在革命時期越走越窄：它同時與美國和蘇聯領導的國際社會為敵，自我標榜為「世界革命中心」。這麼做確實同時保全了德性追求和民族自尊心，但也付出了將中國與世界隔絕的慘痛代價。

第四，重視制度創新，謹防「明朝陷阱」。「明朝陷阱」即在沒有真正崛起之前就開始陷入衰落。中國在明朝時期，無論在科技水平還是經濟上，都是世界上最強大的國家；但明朝錯過了大航海時代的機遇，最後走向衰落。為甚麼明朝還沒崛起就陷入衰落？原因在於，明朝雖然表面強盛，但沒有國家制度和政治思想方面的創新。外交政策的思想先導來源於國家制度。明朝延用了元朝從隋唐繼承的國家制度，固守前朝的天下思想、儒家宗法體系。這雖給明朝的內部統治帶來了穩定，但在外交上卻始終未能擺脫中國古代王朝固有的內向性、被動型和保守傾向，依然把外國看成「蠻夷」，依然對外部世界充滿着不信任和懷疑，依然不願意主動適應全球化趨勢，更不要說像歐洲國家那樣積極地通過外交、殖民和戰爭手段與各國、各地區打交道，在全球範圍內創造和制定有利於自身及盟友發展的國際規則了。明朝縱使國力再強盛，其國家制度與時代發展趨勢卻是相逆的。當鄭和下西洋滿足了永樂帝維護法統的政治需要後，明朝的海洋政策再次歸於沉寂，主動放棄了從陸地國家向海洋國家的轉變機遇。同樣的覆轍也發生在清朝和共和國革命時期：清朝時期，中國為了維護天下秩序，錯過了工業革命，最終走向了衰亡；共和國時期，中國為了達成世界革命，錯過了二戰後的全球化浪潮，經濟和教育都一度陷入停滯狀態。所以應該看到的是，中國在歷史上的衰落，不僅是因為腐敗造成的；在根本上，中國衰落是缺乏制度創新能力造成的。從制度創新角度來看，中國外交的國際化，不是外交工作本身所能做

到的，因為外交是內政的延續。中國在民國和毛澤東時期，解決了生存問題；在鄧小平時期，初步解決了發展問題；今天，中國需要解決制度建設問題。但目前中國社會對這個問題似乎沒有共識。

在這方面，我們應該借鑒西方。西方的歷史經驗表明，西方文明的崛起，就是西方制度創新的過程：代議制民主解決了政黨合法性的問題；民族觀念的普及使國家能夠動員社會力量參與對世界體系的改造；三權分立，特別是主張限權主義的法治實踐，保護了資本市場發展不受政治力量的過分干預；法治思想保護了公民的個人權利，也為霸權國家宣揚其價值觀的普適性提供了依據。西方國家在制度和政治思想上的創新，使得國家可以比較及時地調整方向、確立良性發展的市場經濟，以穩步跟隨世界體系在 16 世紀以來於全球擴張的歷史趨勢。西方在制度創新上的成功，源於西方的「外部多元」，即多黨制及相關選舉制度。因此，在解決制度創新問題上，中國有必要學習西方，一方面保持經濟高度對外開放，另一方面在國內建設比較開放的輿論和政治思想環境。

中國前所未有地需要制度創新，以發展出符合世界歷史潮流前進方向的制度，否則中國未來數十年、百年的發展將難以為繼。但中國也不能簡單地照搬西方經驗。中國是中國共產黨領導的社會主義國家，這是中國的基本國情，任何改革都應該從此基本國情出發。

相對於西方的「外部多元」，中國應發展出「內部多元」來

支持制度創新，這包含了三個相關的政治過程：開放、競爭和參與。開放指的是政治參與向社會各階層和利益攸關者開放；競爭指的是管理國家經濟、政治事務的人才選拔；參與指的是對人選、政策設置和執行的參與。如今，中國的政治市場還沒有建設起來。拿智庫市場來說，美國有超過 1,800 家智庫，居世界第一，而中國智庫數量不足美國的三分之一（約 500 多家），且大部分智庫生產的知識產品質量堪憂，存在泛化、泡沫化、信息低水平傳播的現象，無法為國家決策提供有效的參考。究其原因，中國目前的思想市場還未完全成型，智庫的收入來源比較單一；輿論環境依然高度政治敏感，許多話題難以碰觸，許多用於研究的資料都處於保密狀態，智庫與智庫之間更是處於「信息孤島」狀態。有些智庫研究人員在與國外同行交流的過程中，甚至時常會不自覺地從「研究」轉向「宣傳」。在這樣的情況下，實際意義上的知識交流難以存在，更談不上知識創新和知識體系建設。制度創新需要思想創新，而思想創新需要國家領導者主持建設一個具有包容性的、有利於多元思想存在的社會文化環境。

第五，中國外交的國際化需要領導者的強力支持。務實的、與國際社會建立良好關係的外交符合中國的發展利益。但是，無論是清朝、民國、共和國還是當今，機會主義者總能借用德性價值和民族主義來謀求權力，阻礙中國外交政策的國際化。比如，在晚清維新時期，雖然朝中已有人看到了中國外交改革的必要性，但他們的努力總是遭到保守主義者的口誅筆

伐。這不僅阻礙了中國人學習國際規則，更導致清朝在與列強的戰爭中失去了大量領土和賠款。民國時期，中國外交雖然有所現代化，但任何與國際社會走得太近的行為，都會被過激的民族主義者和政敵批駁為「賣國」、「國恥」，以至於中國民眾形成了對國際社會的天然抵觸心理；但殊不知，在中國國力不充的情況下，國際社會的規則其實為中國主權和行政獨立提供了難得的保護。文化大革命時期，別有用心的左傾分子更是利用革命信條和民族主義煽動無知羣眾對外國使館打砸搶燒，為中國外交史寫下了最荒誕的註腳。

　　在此我們可以觀察到一種遏制中國外交國際化的社會機制：中國與世界打交道時，在外交上必須與國際社會協調；但為了照顧中國體統（如天下秩序）和民族主義，中國外交又不能與國際社會過於靠近，否則主持外交工作的責任人在國內就會因遭到保守主義者的輿論攻擊和社會壓力而地位不保。晚清第一駐外大使郭嵩燾在回國後，被朝臣指責「中洋毒」，黯然卸任；袁世凱在簽訂「二十一條」期間盡力保全了中國權益，但被後世誤解；周恩來提出「和平共處五項條約」，但因不符合毛澤東對革命道路的理解，1958 年被解除外長職務。中國外交工作者除了執行外交任務外，往往承擔着照顧中國政體、意識形態和民族情緒的責任。只要當政者不是明確地要堅決推動中國外交的國際化，中國外交總會在社會輿論和朝中權力鬥爭的影響下呈現出保守化趨勢。俄羅斯的彼得大帝、日本的明治天皇都大力支持和保護改革派，最終使國家融入西方國際社會，

躋身國際列強。鄧小平為中國外交所作的貢獻不亞於前兩者。如今中國需要進一步與國際社會融合，提高在世界體系中的地位。執政者在這個過程中，必須對改革派給予充分保護，否則中國外交將喪失改革開放以來的成果。

第六，中國應該長期擔當世界秩序的維護者和補充性力量，與（西方主導的）國際社會共存。當今國際社會比二戰前要更多元。但即使如此，國際社會目前依然是一個以美國為首、由西方發達工業國家主導的國家羣團。中國與這些國家打交道時確實存在諸多矛盾。首先，中國在世界體系中的地位不斷攀升，科技實力不斷進步，對這些國家的產業造成了很大的挑戰。近期中美關係惡化，從本質上來說，是中美在科技和工業領域競爭的結果。其次，中國在政體和價值觀上與國際社會存在比較顯著的差異。西方國家是領導國際社會的核心，它們的意識形態（至少在名義上來說）無一例外都屬於自由民主主義。然而，中國的發展道路決定了它必須採用以共產黨為領導的社會主義制度。任何不採用自由民主主義制度的國家，都很難被國際社會的核心所接受；但在全球化的經濟背景下，中國和西方國家又不可能不與彼此保持外交關係。中國的國情決定了它必須以一種西方國家不完全認同的組織方式與國際社會共存。

中國需要主動承擔維持世界秩序的責任。中國可以說是過去 40 年裏世界秩序最大的受益者，需要維護當下的世界秩序，繼續鞏固改革開放帶來的發展成果。但現在中國面臨着世界秩

序失序的問題：一方面，隨着中國國力的增強，佔據世界體系核心地位的國家愈發不知道該如何處理與中國的關係。另一方面，美國目前國內面臨着黨爭過度、社會分化、民粹主義等問題，難以以一己之力重構世界秩序。中美關係惡化，是美國制度焦慮的體現。中國在這種情況下需要主動承擔國際道義。中國不必搶奪美國作為世界秩序的領導者地位，但可以建立一個既有利於中美兩國，也有利於其他國家的制度安排。[1] 如今有關中國是否能夠取代美國的言論甚囂塵上。美國國際關係學家約翰・米爾斯海默認為新的多級世界將存在三個現實主義秩序：兩個「厚有界秩序」，它們分別由中國和美國主導；以及一個促進國際合作的「薄秩序」，它由中美共同參與。但米爾斯海默的觀點有所偏頗：中國和美國雖有衝突但並未分化，沒有形成兩個相互對立的「厚有界秩序」。更重要的是，中國和美國處在同一個世界體系裏，而且在以聯合國為中心的「薄秩序」內，有着越來越廣泛的合作空間，如全球經濟、太空領域、公共醫療、氣候變化、環境污染、恐怖主義、核不擴散等。短期博弈會導致囚徒困境，但長期博弈下競爭各方會選擇合作。國際關係就是一種長期博弈。在中國與國際社會打交道的過程中，中國會變得越來越學習國際社會，而國際社會也會越來越接納中國。

---

1  鄭永年：〈中美關係和國際秩序的未來〉，載《國際政治研究》2014 年第 1 期，第 48 頁。

# 後　記

# 中國是修正主義國家嗎？

羅伯特・吉爾平（Robert Gilpin）在戰爭與戰爭政治的變化中對國際體系進行了簡潔的描述。國際體系不僅是國家的集合，相反，它是一種集體行為模式，其中，佔主導地位的一個或多個國家可以從中獲得利益或更好地謀求自身利益。當國家認為對國際系統的投資沒有回報並尋求改變現狀時，而推翻這個系統帶來的利益更大時，這個國家會對國際系統的主導國家發出挑戰。戰爭和變革由此而來。在吉爾平看來，戰爭和變革對於一個正在崛起的國家來說尤其誘人，例如 19 世紀後期的美國或 1930 年代的德國。

如今學界關心的問題是，當今的中國是否企圖改變現狀，對當前美國領導的自由主義國際秩序帶來「戰爭與變革」？

在分析中美關係上，西方許多學者深受格雷厄姆‧艾力森（Graham T. Allison）的啟發。艾力森提出了著名的「修昔底德陷阱」，即統治大國與崛起大國之間大概率發生戰爭。他們的預感是，中國將不可避免地會與美國開戰。日本的學者也持有類似的態度。當約翰‧米爾斯海默（John Mearshiemer）的《大國政治的悲劇》被翻譯成日文版時，其標題變成了《美中必然衝突》（米中は必ず衝突する）。在他們看來，中國對當前的國際體系越來越不滿意。中國在軍事、科技、產業和國際話語上，正在對美國發動全方位的挑戰。

這種說法雖然直覺上令人信服，但卻與現實相去甚遠。對現行國際體系不滿的是美國，而不是中國。美國對現行國際體系的不滿，在特朗普的美國優先政策中得到了最好的體現。特朗普一直宣稱要改變，而不是保持現狀。和發起 TPP 和「重返亞太」的奧巴馬不一樣，特朗普急切地希望改變不利於美國社會的國際規則，包括世界貿易組織和北約。而且，特朗普在上台後一直在努力推動製造業回流。特朗普想要解決的是一系列自 1980 年代以來一直存在的老問題，其中包括：與貿易夥伴不可持續的貿易逆差；去工業化；產業金融化；中產階級的衰落；以及隨之而來的政治分裂。如今的美國，共和黨竟然成了一個工人階級政黨，而民主黨則沒有政治主張，被身份政治牽着鼻子走。

潛藏在這些問題背後的，是霸權秩序的內在矛盾：一個超級大國不能同時是一個工業超級大國，又是一個金融超級大

國。英國歷史社會學家邁克爾‧曼（Michael Mann）將「大不列顛治世」（Pax Britannica）的衰落描述為英格蘭銀行、財政部和金融城逐漸取代工業部門來決定國家經濟和地緣政治議程的過程。隨着倫敦成為世界金融中心，銀行家和金融服務業利益成了國家利益的代名詞。金融界的利益是保持國際資本不間斷地進出英國。因此，英國一直擔當着自由貿易和全球化的擎旗者。相應地，英國幾乎沒有採取保護主義政策來保護其資金不足的工業。隨着資本流入美國、德國的新興工業國家，英國逐漸失去了工業超級大國的地位。大英帝國也逐漸走向衰落。

自 1970 年代布雷頓森林體系解體以來，類似的過程也發生在美國身上。當前的自由主義國際秩序，是由美國在二戰之後建立起來的。二戰本質上是一場定義國際秩序的戰爭。在 1950 年代至 1980 年代間，美國為了穩固自由主義國際秩序，允許日本和德國發展工業。後者通過准入美國市場，成就了戰後的經濟繁榮。美國的做法雖然鞏固了世界範圍內的民主政權，但卻使美國與其盟友（主要是日本）出現巨額貿易逆差。這對美國的民生是相當不利的。美國在 1985 年試圖通過與日本、西德等發達國家簽署《廣場協議》解決這個問題，但事後看來，它並沒有起到緩解貿易逆差的作用，也沒有緩解美國的去工業化。日本至今沒有從《廣場協議》帶來的經濟衰退中走出來。手術很成功，但病人死了。

中國對世界經濟秩序的參與，客觀上加速了美國去工業化的歷史進程。2000 年代，中國取代日本成為美國第一大貿易夥

伴。中國同時也取代了日本，被美國的工業團體和政治家看作是去工業化的罪魁禍首。1980 年代，美國在國際關係上談論最多的是日本，而現在是中國。

但美國的危機更多來自自身，而非中國。2009 年金融危機下，美國聯邦儲備局採取了量化寬鬆挽救了「大而不能倒」的雷曼兄弟，保證了全球資本流動性。在這一背景下，金融危機的爆發增強了，而非削弱了美國作為金融霸權的地位。如果說產業金融化是國家衰退的前兆，那麼可以說，金融危機進一步加劇了美國的衰退。

美國國際關係學者約翰‧伊肯伯里（John Ikenberry）曾借用英國政治學家愛德華‧霍烈德‧卡爾（E.H. Carr）的名字，把國家間的地緣政治危機命名為「卡爾危機」；伊肯伯里還借用政治經濟學家卡爾‧波蘭尼（Karl Polani）的名字，把資本主義發展造成的社會治理危機命名為「波蘭尼危機」。在伊肯伯里看來，美國在當前面臨的危機，並不是「卡爾危機」，而是一場「波蘭尼危機」。或者說，美國的危機不在於遭到了來自中國的地緣政治挑戰，而在於美國社會治理的無效化，即資本主義的增長撕裂了孕育其發展的社會結構本身。美國中產階級的人口幾乎每年都在下降。美國在 1971 年的中產階級佔全國人口 61%；這一數字在 2015 年下降到了不足 50%。全球化的贏家與輸家之間的差距正在擴大。

與此同時，中國共產黨在 2020 年宣佈其根除了絕對貧困。雖然中國還面臨棘手的社會問題和發展不均衡，但很少有

中國領導人對世界秩序的現狀不滿。他們普遍認為，中國是全球化和當前世界秩序的獲益者。事實上，習近平本人也承認，1945 年後的國際體系符合中國的最大利益，而中國決心維護和改良這一秩序。中國取代了西方成為世界製造中心的勢頭沒有減弱。美國及其日本和德國盟友雖然在高端領域仍然擁有技術優勢，包括芯片設計、人工智能和量子計算等，但他們沒有與中國相媲美的工業產能和國內市場。習近平更是設想通過進一步提升中國的工業科技水平，在 2025 年把中國打造成製造業強國。

特朗普政府在 2019 年的國家戰略白皮書中將中國稱為「修正主義國家」。但如果我們仔細考察中國和美國對當前國際體系的態度的話，就很容易發現，真正的修正主義國家是美國，而不是中國。

在中國的話語中，修正主義這個詞經常被用來批評美國的單邊主義和反華運動。但這種用法可能會讓這個詞喪失其本來蘊含的歷史維度。如果說美國確實是一個修正主義國家，那麼可以說，我們正在目睹一場人類史上前所未有的國際體系危機：一個霸權國家想要改變它最初創建的國際體系，而崛起的大國卻嘗試維護它。

美國的戰略議程在孤立主義和國際主義之間搖擺不定。一些政客，比如特朗普，推動了孤立主義。他們認為，美國為維護國際體系所付出的代價和負擔，從長遠來看是美國社會無法承受的。另外一些政治家，比如現任總統拜登，力圖圍繞着

民主國家為中心，建立一個具有排他性質的國際秩序。他們認為，美國必須重新引領國際秩序，但美國已經不能獨自承受重擔。更多的責任以及利益，將被分配給美國的盟友。這兩派的共同點，是擔心美國資源過度擴張和過度投入。如果現狀持續下去，美國的去工業化將持續下去，導致更嚴重的「波蘭尼危機」，即貧富差距和社會分化。

　　民主黨人和共和黨人都看到了美國的困境，但不幸的是，兩大黨派都宣稱，中國是美國衰落的罪魁禍首。他們對待中國的手法不盡相同。特朗普的手法簡單粗暴：與中國打貿易戰，讓美國工廠回流。拜登在外交手法上更為老練。他認為國際聯盟，特別是與印度和日本的軍事聯盟，是對華制衡戰略的重要組成部分。2021年上任後，他旋即把「印太戰略」提升為美國外交戰略的重點，造訪了歐洲，並與俄羅斯總統普京會面。拜登在2021年7月宣佈美國從阿富汗撤軍。拜登的目標很清晰：穩定西歐盟友的信心，讓俄羅斯「中立化」，把美國的全球戰略資源從中東向印太傾斜，集中力量對付中國。

　　然而，無論是特朗普還是拜登，他們的槍口都瞄準了錯誤的目標。如果説去工業化引發的「波蘭尼危機」是美國衰退的癥結，那麼美國也確實需要改變當前的國際體系。但為了改變國際體系，美國需要做的，是減少其國家經濟對金融的依賴性。只要華爾街依然主導着華盛頓的議程，那麼美國工業部門的利潤必然遭到擠壓。美國的工廠只能搬遷到生產成本較低的欠發達國家。為了振興其產業並解決日益惡化的社會差距，美

國需要讓其他國家分擔全球資本的提供與管理。但幾乎沒有美國政治家討論這個問題。即使有，也沒有哪個美國領導人敢將放棄美國金融霸權的想法付諸實踐。

沒有國家能同時是全球資本的提供者和全球工業產品的生產者。試圖保留兩者，只會導致一種結果，即內部矛盾在地緣政治層面的「外部化」。拜登治下美國的外部化，體現為制衡中國，建立民主國家聯盟，重新安排全球供應鏈。但拜登這麼做的結果，是自由主義國際秩序的萎縮。自由主義國際秩序將不再具有「國際性」。美國領導的秩序在未來有可能會變成一個區域性秩序。

這對中國意味着甚麼？首先，中國產品，特別是高附加值、高科技產品，進入美國市場將不那麼容易。中國不會失去美國這個利潤豐厚的市場，但中國面臨的壁壘，特別是國防、環保和人權壁壘，將越來越多。這要求中國把其經濟發展模式從出口導向轉變為消費導向。如果中國共產黨的合法性來源於其經濟表現，那麼它也必須為中國工業產能尋找新市場。其次，為了振興國內消費，中國將成為亞洲的區域性甚至全球資本的提供者。人民幣將實現更高水平的國際化。中國甚至在未來有可能取代美國成為下一個金融超級大國，就像美國在戰後取代英國一樣。但對中國來說，這可能會帶來未知的社會後果。第三，中國在亞洲，尤其是在南海區域面臨的地緣政治風險將加劇。中國與美國、東盟國家在南海區域的博弈，將很大程度上決定未來亞洲乃至世界的政治格局。